中国民营企业家创新生态系统的成熟度评价研究

Research on Maturity Evaluation of Private-firm Entrepreneurs Innovation Ecosystem in China

刘 丹 著

中国财经出版传媒集团

经济科学出版社
Economic Science Press

图书在版编目（CIP）数据

中国民营企业家创新生态系统的成熟度评价研究/刘丹著.
—北京：经济科学出版社，2017.12
ISBN 978 – 7 –5141 –8728 –1

Ⅰ.①中… Ⅱ.①刘… Ⅲ.①民营企业 – 企业管理 –
研究 – 中国 Ⅳ.①F279.245

中国版本图书馆 CIP 数据核字（2017）第 291472 号

责任编辑：申先菊 王新宇
责任校对：刘 昕
责任印制：李 鹏

中国民营企业家创新生态系统的成熟度评价研究
刘 丹 著
经济科学出版社出版、发行 新华书店经销
社址：北京市海淀区阜成路甲 28 号 邮编：100142
总编部电话：010 – 88191217 发行部电话：010 – 88191522
网址：www. esp. com. cn
电子邮件：esp@ esp. com. cn
天猫网店：经济科学出版社旗舰店
网址：http://jjkxcbs. tmall. com
北京季蜂印刷有限公司印装
710 × 1000 16 开 10 印张 180000 字
2017 年 12 月第 1 版 2017 年 12 月第 1 次印刷
ISBN 978 – 7 –5141 –8728 –1 定价：59.00 元
（图书出现印装问题，本社负责调换。电话：010 – 88191510）
（版权所有 侵权必究 举报电话：010 – 88191586
电子邮箱：dbts@ esp. com. cn）

前　　言

改革开放三十多年来，中国经济的连续快速增长成为世界经济发展史上的奇迹。与此同时，中国民营企业家也随之成为推动我国经济社会发展的关键行动者。如果说民营企业是市场经济发展的微观基础，那么民营企业家就是推动民营企业发展的灵魂和中坚力量。在我国民营企业家队伍不断成长与进步的同时，必须清醒地认识到时代对民营企业家提出了更高的要求。我国正处于经济转型期，面对经济全球化和信息化的挑战，需要更加优秀的和更富创造性的民营企业家来开辟民营企业持续健康发展的新道路，从而推动创新型国家的实现。在新的历史时期，民营企业家依靠降低成本实现扩张的老路已不能长久地保持市场竞争优势，创新已经成为绝大多数企业家的共识。创新的成败不仅是技术层面问题，其决定力量在于民营企业家的创新精神和创新实践能力，以及创新生态系统的进化程度。在复杂的动态市场环境中，尤其是中国特有的企业经营环境中，民营企业家不仅要具备创新精神和创新能力，更要根据创新环境的变化有效整合民营企业获得的创新资源。本书应用成熟度理论对我国民营企业家创新生态系统的成熟度水平进行分析和评价，从而探求有步骤地提升创新生态系统成熟度水平的对策。本书无论在学术探索还是实践总结方面，都具有重要的研究价值。

本书主要内容包括：

第一，阐述本书的研究背景和意义，交代研究内容、技术路线、研究方法和创新点。

第二，梳理有关企业家创新、创新生态系统和成熟度理论及其评价方法的相关文献，并进行比较和评价，构成本书的理论基础。

第三，构建研究范式与理论架构。通过对比分析得出生态学理论与企业家创新生态系统的理论耦合，定义企业家创新生态系统的内涵。借鉴创新生态系统研究范式，总结和提炼企业家创新生态系统的 NSE（生态位—选择—进化）研究范式。在对民营企业家进行概念界定的基础上，以创新生态位为逻辑基点，构建民营企业家创新生态系统的逻辑架构体系，进而阐述民营企业家创新生态系统的进化特征，并由此对我国民营企业家创新生态系统的构成要素及其相互关系进行分析。

第四，遵循上述研究范式及逻辑架构，构建了民营企业家创新生态系统的成熟度评价模型。将成熟度模型与创新生态系统理论相结合，构建了民营企业家创新生态系统成熟度评价模型（EI-EMEM）。根据民营企业家创新生态系统进化的双重选择动力，确定成熟度评价模型的关键因素及其评价指标，将民营企业家创新生态系统进化过程分为五个成熟度等级，以此为基础构建成熟度评价模型。成熟度等级评价方法为采用主成分分析法对关键因素的评价指标赋权后测算单因素成熟度水平，进一步地采取合成方法通过单因素成熟度测算系统成熟度。

第五，对我国民营企业家创新生态系统成熟度的评价进行实证分析。应用我国内地31个省（市、区）的相关数据分别对民营企业家创新生态系统的自主选择和自然选择两个单因素的成熟度进行评价，再应用乘法规则将两个单因素成熟度合成为系统成熟度。根据测算结果，对我国内地31个省（市、区）的民营企业家创新生态系统成熟度水平进行了排序和评价，并以辽宁省为例分析民营企业家创新生态系统成熟度和各单因素成熟度的提升方向，说明了各地区可根据单因素成熟度等级找到创新短板，从而为有步骤地提升创新成熟度指明方向。

第六，根据实证分析结论提出对策建议。分别从民营企业家个人层面、企业层面、社会结构化层面和国家制度层面分析了逐步完善我国民营企业家创新生态系统的主要思路。企业家个人层面对策包括：转变心智模式，遵循市场经济规则；提高素质修养，完善自我约束与激励；强化道德意识，积极履行社会责任等。企业层面对策包括：科学设定创新生态位；保障创新资金投入；培养与激励创新人才；培育企业创新文化；重构组织结构和强化创新合作等。社会结构化层面对策包括优化创新资源供给，培育创新型社会文化环境，完善中介和技术服务体系等。国家制度层面对策包括：完善财税扶持制度；打造多渠道融资体系；提高政府服务水平；大力发展人才培育机制；加快法律法规建设步伐和协调创新主体间的资源分配等。

目　　录

第 1 章

绪　　论

改革开放三十余年来，我国民营企业家从个体工商户起步，随着中国经济的发展而不断成长壮大，已成为了推动我国经济转型的中坚力量。在科技进步日新月异、各种创新因素交互作用的新时期，民营企业家的创新活动需要从创新生态系统层面上进行综合考量。应用成熟度理论，评价我国民营企业家创新生态系统的成熟度水平，对于有针对性地推进系统进化、为企业家营造良好的创新环境，以及系统提升民营企业家的创新能力都具有重要的理论价值和现实指导意义。

1.1　选题背景与研究意义

1.1.1　选题背景

第一，民营企业家成为推动我国经济转型的中坚力量。改革开放三十多年来，中国经济连续快速增长成为世界经济发展史上的奇迹，中国民营企业家队伍也随着企业改革成为推动我国经济社会发展的关键行动者。党的十一届三中全会以后，农民企业家和个体户从无到有，其出发点虽然只是为了解决温饱问题、追求物质利益，但却打破了计划经济一统天下的局面，起到了活跃市场的作用，中国民营企业家的最初雏形由此形成。1988 年《中华人民共和国宪法修正案》中确立了私营经济的法律地位，中国民营企业家正式登上历史舞台，更多的城乡精英走向市场，一度掀起"下海"热潮。民营企业家的经营手段灵活，注重生产效率的提高，最初通过购买国外的旧设备、聘请国企技术人员等方式开发新产品、改进生产流程及开拓新市场，开始了最基本的创新活动。1992年邓小平南方谈话和十四大召开后，中国民营企业家随之快速崛起，大批党政干部和知识分子"下海"经商。这些民营企业家通常受过良好的教育，具有开阔的视野，对市场机遇嗅觉敏锐，他们的创业动机除了改善物质生活外，开始追求事业上的成就感。2001年中国"入世"后，外部环境的变化促使中国民营企业家迅速成熟起来。民营企业家清楚地认识到自主创新对企业发展的重要性，新一代的民营企业家精神正在逐渐形成。伴随着改革开放的不断深化和市场化程度的不断提高，中国企业家队伍人员数量不断增加，职业水平不断提高，真正成为了我国改革开放的探路者和实践者。

在中国民营企业家队伍不断成长与进步的同时，必须清醒地认识到时代对企业家提出了更高的要求。党的十八届三中全会报告明确提出，"要加快转变经济发展方式，加快建设创新型国家，推动经济更有效率、更加公平、更可持续发展。"在中国的经济转型期，面对经济全球化和信息化的挑战，民营企业面临更为突出的矛盾和更为艰巨的困难，这需要更加优秀的和更富创造性的民营企业家来开辟企业持续健康发展的新道路，从而推动创新型国家的实现。

第二，创新是民营企业获得竞争优势的最重要手段。改革开放以来，我国经济得到了长足的发展，国内生产总值从1978年的3678.7亿元增加到2015年的685505.8亿元；然而，我国经济的粗放式增长是以低廉的劳动力和高昂的环境成本为代价的，转变经济发展方式，以创新推动企业发展和经济增长成为我国经济发展的必经之路。创新理论之父约瑟夫·熊彼特指出，创新是经济发展的根本动力，是促进企业健康发展的关键因素。在从计划经济向市场经济转型的过程中，我国民营企业已经在制度创新、技术创新和管理创新等方面取得了一定成效。民营企业打破了计划经济束缚，建立了现代企业制度；民营企业家认识到自主知识产权的重要性，研发投入和专利数量迅速攀升；在管理制度、人力资源与团队建设、文化建设等多方面实现管理创新。

在肯定我国民营企业创新成效的同时，我们已经意识到我国民营企业创新仍处于初级阶段，与发达国家仍存在较大差距，尚不能满足社会发展的要求。我国民营企业的自主创新能力不强，创新人才缺乏、创新资金不足、创新风险与收益不对称、创新动力不足等成为创新的主要瓶颈。虽然建立了现代企业制度，但政府过度参与市场竞争、市场体系和配套改革不健全等阻碍着创新的进一步发展。面对激烈的市场竞争，民营企业内部的组织方式、技术手段、决策方式等方面都必须根据企业内外环境的变化而不断完善，民营企业管理创新任重而道远。在知识经济时代，创新成果不断涌现，科技竞争日益激烈，在数字化、网络化、智能化的信息技术的推动下，消费者的需求偏好更加难以预测。民营企业只有通过持续创新才能获得其他企业难以模仿的独特优势，从而提高市场竞争力，推动企业发展。

第三，民营企业家是民营企业创新行为的关键推动力量。在民营企业创新带动经济发展的过程中，民营企业家发挥着关键作用。民营企业家是创新的决策者和推动者，民营企业家的核心职能不限于经营或管理，更在于是否能正确认识市场机遇，整合企业外部资源，通过创新为市场创造更大价值。实践创新与企业家精神使所有企业和机构有目的、有组织、系统化地工作。创新与企业家精神能让任何社会、经济、产业、公共服务机构和商业机构保持高度的灵活性和自我更新能力。"企业家"这一生产要素在生产性和非生产性行为之间的配置，会对经济绩效产生不同的影响（鲍莫尔，1993）。面对不断变化的消费者偏好和复杂的市场环境，民营企业家必须能够及时意识到创新机遇，并通过关系利用、技术提升、经营管理、组织管理和人才培养等互动策略将创新意识付诸实践（刘志成等，2012）。在这一过程中，需要民营企业家拥有带领企业创新的变革领导力。民营企业家的团队影响力、战略领导力、精神感召力、创新管理力和资源整合力等能力决定着民营企业创新的成败。

第四，民营企业家的创新是个复杂的动态过程。知识经济的到来和网络化的普及使市场稳定性和可预测性不复存在，民营企业取得竞争优势的唯一途径就是不断创新，而这种动态环境中的创新难以依靠民营企业家个人或某个民营企业的内部资源能力来完成。对民营企业家而言，创新是个复杂的系统工程，需要根据民营企业内外创新环境的变化而不断发展。民营企业家创新活动需要协调企业内部资源，并不断增强对创新环境的适应性。一方面，民营企业家要合理开发和组织民营企业内部的创新资源。创新是一项高风险的活动，民营企业家作为创新活动的发起者和领导者，企业家创新的努力程度与意志强弱决定着企业创新活动的诱发与持续。同时，努力营造企业创新文化和培育员工的创新精神也是民营企业创新的内在动力。另一方面，民营企业家创新活动受到创新环境的制约和驱动。如要素市场环境影响民营企业家能否获得充足的创新人才、技术和知识，政府机关的相关创新政策影响民营企业家能否获得某些关键性创新资源，经济发展和基础设施建设水平是民营企业家创新的物质基础等。由此可以看出，民营企业家是企业创新的领导者，不仅需要具备创新精神和坚强的意志力，还要能够根据对创新环境的判断，整合企业内外部的创新资源，领导企业进行有效创新，这是一个复杂的动态过程。

1.1.2 研究意义

在我国经济转型期，民营企业家的创新行为是推动经济发展的关键力量。本书遵循创新生态系统研究范式构建了民营企业家创新生态系统逻辑框架，应用成熟度理论对我国内地 31 个省（市、区）的民营企业家创新生态系统进行定量测算，从而提出提高我国民营企业家创新生态系统成熟度水平的对策。本书无论在学术理论还是现实意义方面，都具有相当重要的研究价值。

从理论研究方面看，本书确立了企业家创新生态系统的研究范式 NSE，在此基础上以创新生态位为基点，构建民营企业家创新生态系统的逻辑架构，并分析其构成要素，这是民营企业家创新理论应用与发展的一个有益尝试。其次，本书将成熟度理论应用于民营企业家创新生态系统的实证分析。国内外对创新生态系统的研究大都为定性研究和案例分析，定量化分析与评价仍不多见。本书构建了民营企业家创新生态系统成熟度评价模型（EIEMEM），并应用到我国民营企业家创新生态系统的评价和完善中，丰富了创新生态理论。

从实践意义来看，一方面，本书从创新生态系统出发，分析和评价了我国民营企业家创新生态系统的成熟度水平，有利于民营企业家正确认识创新过程，通过整合企业内外部资源，营造完整的生态系统，从而实现有效创新，为市场提供更大的价值。本书也为民营企业家克服创新困境、实现有效创新提供了依据。另一方面，本书也为政府有关部门营造良好的民营企业家创新环境提供了参考。本书借鉴创新生态系统的相关理论，以创新生态位为逻辑基点，分析民营企业家创新生态系统进化的双重驱动力，再通过成熟度理论量化分析关键因素对民营企业家创新行为的影响，使政府相关部门清楚地认识到创新环境在民营企业家创新生态系统中的作用和目前的局限性，从而为政府机构有步骤、有重点地营造良好的民营企业家创新环境提供参考。

1.2 研究内容与技术路线

1.2.1 研究内容

本书由七部分组成：

第一部分为导论。指出本书的研究背景和研究意义，提出研究内容和技术路线，并交代研究方法和本书创新点。

第二部分为理论基础与文献综述。分别梳理国内外对企业家、企业家创新理论、创新生态系统、企业家创新生态系统成熟度等的研究成果，并对其研究现状进行评述。

第三部分为研究范式与理论框架。通过对比分析得出生态学理论与民营企业家创新生态系统的理论耦合，定义企业家创新生态系统的内涵。继承创新生态系统研究范式，总结和提炼企业家创新生态系统的研究范式 NSE。在对民营企业家进行概念界定的基础上，分析我国民营企业家创新生态位的具体构成。以此为依据，构建民营企业家创新生态系统的逻辑架构体系，分析民营企业家创新生态系统的进化特征，并对我国民营企业家创新生态系统的构成要素进行详细分析。

第四部分为民营企业家创新生态系统的成熟度评价模型及其评价方法。阐述成熟度评价模型的内涵，以自然选择和自主选择双重驱动力为依据，定义成熟度评价模型的关键因素，并构建关键因素的评价指标体系，进而依据企业家创新生态系统的进化过程划分成熟度的五个阶段（初始级、基本级、规范级、优化级和协同进化级），构建民营企业家创新生态系统的成熟度评价模型。阐述民营企业家创新生态系统成熟度的评价过程，包括应用主成分分析法评价计算单因素成熟度和系统成熟度合成方法。

第五部分为我国民营企业家创新生态系统成熟度评价的实证分析。运用已构建的成熟度评价模型和评价方法对我国民营企业家创新生态系统的成熟度进行测算。收集我国各地相关统计数据，并进行计算和标准化处理，利用主成分分析法对指标赋权，由此计算各区域的单因素成熟度水平。然后，按照乘法规则将单因素成熟度合成为系统成熟度。通过对单因素和系统成熟度的测算和分析，不仅能够得出各地民营企业家创新成熟度的综合评价，还可以得出包括自主选择单因素成熟度和自然选择单因素成熟度在内的各关键因素的成熟度评价，不同区域可据此分析本地的创新短板，从而为有步骤地提升创新生态系统成熟度水平提供依据。最后以辽宁省为例，分析了成熟度的提升方向。

第六部分为提升我国民营企业家创新系统成熟度的对策。主要包括企业家个人层面、企业层面、社会结构化层面和国家制度层面。企业家个人层面对策包括：转变心智模式，遵循市场经济规则；提高素质修养，完善自我约束与激励；强化道德意识，积极履行社会责任等。企业层面对策包括：科学设定创新生态位，保障创新资金投入，培养与激励创新人才，培育企业创新文化，重构组织结构和强化创新合作等。社会结构化层面对策包括：优化创新资源供给，培育创新型社会文化环境，完善中介和技术服务体系等。国家制度对策包括：完善财税扶持制度，打造多渠道融资体系，提高政府服务水平，大力发展人才培育机制，加快法律法规建设步伐和协调创新主体间的资源分配等。

第七部分为研究结论与展望。总结本书的主要结论，并对研究进行反思和未来展望。

1.2.2　技术路线

本书的技术路线如图 1 - 1 所示。

1.3　研究方法与创新点

1.3.1　研究方法

第一，规范分析方法。采用规范分析方法，借鉴生态学相关理论，构建企业家创新生态系统研究范式 NSE，依照 NSE 的研究思路，在分析民营企业家创新生态位的基础上，构建并分析民营企业家创新生态系统逻辑架构与构成要素，搭建民营企业家创新生态系统成熟度评价模型。

第二，实证分析方法。构建我国民营企业家创新生态系统成熟度评价模型及成熟度评价方法，采用主成分分析法确定指标权重，计算单因素成熟度水平，以乘法规则将单因素成熟度合成为系统成熟度，在此基础上提出成熟度提升策略。

第三，文献研究方法。通过对国内外各类学术期刊、学术著作、专题研究报告等资料进行归纳分析，梳理有关企业家、企业家创新、创新生态系统和成熟度理论等方面的文献，并借鉴创新系统指标体系和模型构建方面的经验，为我国民营企业家创新生态系统的构建和模型分析提供理论基础。

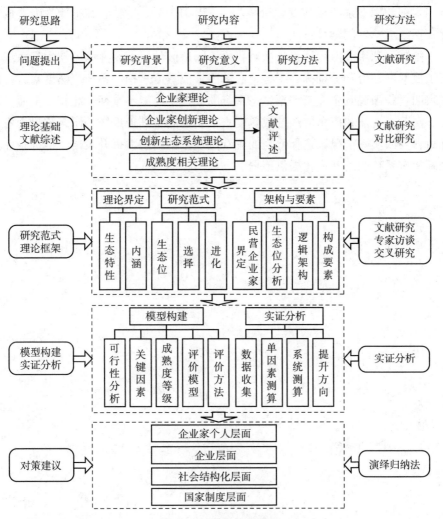

图 1-1 本书技术路线

1.3.2 创新点

第一，依据创新理论和生态学思想构建企业家创新生态系统的研究范式 NSE，确立"生态位—选择—进化"的基本研究范式。以此为基础，分析民营企业家创新生态系统的逻辑架构与构成要素，构建民营企业家创新生态系统的成熟度评价模型。

第二，构建民营企业家创新生态系统成熟度评价模型。将成熟度模型与创新生态系统理论相结合，以进化的双重选择动力为基础定义关键因素，构建了企业家创新生态系统成熟度评价模型（EIEMEM），探索了该模型单因素成熟度和系统成熟度的测算方法。

第三，利用成熟度评价模型对我国不同地区的民营企业家创新生态系统进行了成熟度评价，分别确立了各地区单因素成熟度水平和系统成熟度水平，结果表明：我国民营企业家创新生态系统的成熟度发展不平衡，北京、上海、浙江、江苏、天津和广东的系统成熟度水平明显高于其他地区。研究结果为各地针对自身的实际情况，选择恰当的民营企业家创新能力提升策略，推进企业家创新生态系统的不断进化提供依据。

第 *2* 章

理论基础与文献综述

2.1　企业家研究综述

2.1.1　企业家的内涵

"企业家"（Entrepreneur）一词源于法语 entreprendre，最初指率军远征的人。中世纪"企业家"指演员或负责大规模生产项目的人，17 世纪"企业家"指和政府签订合同、承担盈利（亏损）风险的人。1775 年，法国经济学家理查德·坎蒂隆（Ricard Cantillon）在《商业性质概论》中首次将企业家的概念应用于经济学，定义为能在市场中充分利用未被他人认识的获利机会并成就一番事业的人。在之后的数百年中，企业家这一概念得到了广泛传播与应用，经济学家从不同角度对其进行了界定。法国经济学家萨伊（Jean Baptiste Say，1803）把企业家定义为将资源从生产力和产出较低的领域转移到生产力和产出较高的领域的人。马歇尔（Alfred Marshall，1890）认为企业家是中间商，其作用是把生产要素在企业内部组合成商品，然后再将商品以合适的渠道转移到消费者手中。企业家的职能是风险承担者和管理者，同时应具有创新精神，能够引进新技术并降低成本。他最早提出企业家是独立的生产要素。美国经济学家奈特（Frank Hyneman Knight，1921）从不确定性角度阐述了企业家职能，他认为企业家的主要职能是面对不确定性，大胆决策并承担风险，因此，企业家必须具备预测能力、判断能力、管理能力、信任能力和洞察能力等企业家领导能力。创新经济学之父熊彼特（Joseph A. Schumpeter，1934）在《经济发展理论》中提出了影响深远的创新理论，指出企业家的核心职能不是经营或管理，而是看其是否能够执行生产要素和生产条件的新组合。企业家的职能就是实现创新，引进新组合。通过在经济结构内部的"创造性破坏"推动经济发展。德鲁克（Peter F. Drucker, 1985）认为企业家的本质就是有目的、有组织的系统创新。企业家大幅度提高资源的产出，通过创造新产品、开拓新市场来为客户提供价值。

国内学者从不同的角度对企业家的内涵进行了研究。张维迎（1999）给企业家的定义是承担经营风险，从事经营管理并取得经营收入的人格代表。他强调企业家是一个责、权、利的统一体：承担经营风险是一种责任，从事经营管理是一种权利，取得经营收入是一种利益。承担风险并取得收入和从事经营管理二者缺一不可。一些学者从人力资本和生产要素角度对企业家内涵进行界定：周其仁（1996）将企业家人力资本与企业资本区分开来；李永安（1997）认为企业家是以自己的人力资源为资本获取收益，以经营管理企业为职业，以使企业获得巨大的经济效益和社会效益为目标，并已取得一定业绩的人；王开国等（1999）认为企业家人力资本是别的资源不可替代的；丁栋虹（2000）认为企业家拥有异质型人力资本，使企业实现边际报酬递增的生产力；张小蒂（2008）等认为企业家是一种稀有生产要素，和劳动力、资本一样都是经济发展的重要资源。一些学者从企业家素质角度对企业家内涵进行界定：张完定（2002）将企业家界定为拥有企业家才能并履行企业家职能的人；魏杰（1997）认为企业家是具有特殊素质和能力的经营者。一些学者从职位角度对企业家内涵进行界定：徐传堪（1997）认为企业家是在企业中担任高级职务且掌握企业经营权的经理阶层；陈才庚（2002）、叶国灿（2004）认为企业家由职业经理阶层来担任；周莉（2006）认为企业家是具备相应素质的企业高级管理者。一些学者从功能或作用角度对企业家内涵进行界定：韦红泉（2013）认为企业家对经济的作用主要包括协调、套利、创新和承担不确定性四种；余萍（2014）认为企业家内涵中应包含创新、资源配置、市场和决策四种。

2.1.2　企业家理论综述

从18世纪理查德·坎蒂隆（Ricard Cantillon, 1775）将"企业家"一词应用于经济学开始，经济学家们就开始了对企业家理论的不断研究。以萨伊、穆勒为代表的古典经济学侧重于企业家概念、职能和利润源泉的研究，而在

19 世纪末兴起的新古典经济学中，根据均衡价格和均衡产量计算出生产经营活动，根本没有企业家的立足之地，企业家被排除在主流经济理论体系之外。直到马歇尔（Alfred Marshall，1890）在 1890 年出版的《经济学原理》中强调了企业家的重要作用和职能，企业家理论才再次回到经济学的研究视野。这之后的熊彼特、奈特、科兹纳等经济学家都从不同角度阐释了企业家理论。

理查德·坎蒂隆在《商业性质概论》中，从收入不确定性的角度将企业家和其他受雇者区分开来。他认为企业家负责商品的流通、交换和生产，并且承担其中的风险。企业家以固定价格买进商品，再以某一不确定的价格卖出商品，从中获得不确定性收入，并承担风险。坎蒂隆的企业家理论对后来的经济学家产生了深远影响，尤其是企业家是中间人和风险承担者的理念。

让·巴蒂斯特·萨伊（Jean Baptiste Say，1803）的企业家理论建立在劳动分工的基础上，强调企业家是不确定性的承担者，能够预见产品需求，并结合一切生产要素取得产品价值的经理人。企业家是与资本、土地和劳动生产结合在一起的第四生产要素。他认为企业家需要具备很多往往不可兼备的品质与技能，即判断力、坚毅、常识和专业知识。企业家必须掌握监督与管理的技术，需要准确地估量产品的重要性及需求数量和生产方法。同时，企业家需要雇佣工人、购买原材料、集中工人、寻找顾客并随时严密注意组织和节约。企业家要敏于计算，能够比较产品的生产费用和它在制造完成与运抵市场后的价值。在上述工作过程中，企业家必须克服困难、抑制忧虑、补救不幸事故和计划权宜手段。

马歇尔（Alfred Marshall，1890）认为市场本身是不均衡的，企业家通过修正企业内部的非均衡因素来推动市场均衡，企业家是市场秩序的创造者。企业家是买卖双方的中间人并承担由管理决策、投机行为和创新活动等引发的风险。企业家需要具备预测能力、控制能力、人才选拔能力和创新能力等多种能力。

弗兰克·H·奈特（Frank Hyneman Knight，1921）在完全均衡的静态社会中引入不确定性，将经营中的不确定性分为两种——风险和不确定性。前者是指可量度的不确定性，后者指不可量度的不确定性。正是由于风险与不确定性导致了不完全竞争，企业的利润就是不确定性的报酬。企业家的作用就在于在这种不确定性中进行推断和决策，并承担风险。

约瑟夫·熊彼特（Joseph A. Schumpeter，1934）认为企业家通过创新成为市场均衡状态的破坏者，通过打破旧的均衡，实现了创新利润。之后，模仿者介入，利润消失，市场会在更高的层次上实现均衡。企业家是实现经济发展的主体和动力，他们实现了生产要素的新组合，但并不承担最终的经营风险。企业家必须善于抓住机遇，具有专家知识，能够克服在生产要素重新组合过程中遇到的各种困难的能力，并要具备首创性、远见性和权威性等特质。

哈维·莱宾斯坦（Harvey Leibenstein，1966）提出"X低效率"理论，其实质是不同于市场配置低效率的另一种非配置低效率，是组织或个人动机的低效率。企业家的职能就在于领导企业避免出现低效率。

伊斯雷尔·M·科兹纳（Israel M. Kizner，1978）认为市场经常处于一种不均衡状态，企业家是推动市场过程的主体。他用"企业家警觉"来概括企业家的特征，即企业家能够敏锐发现其他竞争者无法发现的各种获利机会。"企业家警觉"是推动经济增长的重要因素，社会和政府应实现自由进入的市场政策，对企业家行为进行政策激励，并保障企业家的利益。

马克·卡森（Mark Casson，1982）从有限理性和伦理人假设出发，概括出企业家的本质。他认为企业家是专门就稀缺资源的协调和使用做出判断决策的人，企业家主要有创新和套利、制造市场两大职能。通过企业家的供给和需求分析企业家市场均衡的理论框架。

从1775年坎蒂隆将"企业家"的概念引入经济学以来，企业家理论逐渐丰富和成熟起来。法国经济学家坎蒂隆最早确立了"企业家"在市场中的重要作用，将"企业家"和其他受雇者区分开来。法国经济学家萨伊将"企业家"一词推广使用，并赋予"企业家"提高生产力和产出的职能。英国经济学家马歇尔在其著作《经济学原理》中系统论述了"企业家"的作用。奈特从不确定性角度阐述"企业家"正是从不确定性中获取报酬，并承担风险。美籍奥地利经济学家熊彼特对"企业家"的研究最具影响力，他发展了马歇尔的理论，认为"企业家"通过创新推动社会发展。美国经济学家科兹纳用"企业家警觉"来概括"企业家"的特点，形成了独具特色的企业家理论。英国经济学家卡森综合前人研究成果，形成了企业家行为分析框架。

20世纪90年代后，随着我国市场经济体制的确立和发展，国内学者开始对企业家理论进行研究，其中，最具代表性的是张维迎的企业家理论。张维迎（1995）应用纳什均衡的博弈模型，分析了企业家如何占有全部剩余价值的过程，解释了"资本雇佣劳动"这一经济学基本命题。他认为企业就是一种人格化的装置，企业家是企业存在的前提，同时也是经济增长的原动力。其他学者也对企业家理论相关问题进行了较为丰富的研究。杨瑞龙、周业安（1997）在企业所有权安排的分析框架下，从产权角度研究了企业家在契约生成中的主体地位。周其仁（1996）将企业看作是"一个人力资本与非人力资本的特别合约①"，企业家人力资本的稀缺才是资本相对稀缺的本质。贺小刚、李新春（2005）探讨了企业家能力发挥的影响因素，以及对企业成长的贡献。李宏彬、李杏、姚先国等（2009）的实证分析结果表明，企业家的创新与创业精神对于我国经济增长具有显著作用。余向前、张正堂、张一力（2013）探讨了企业家隐性知识的内涵，以及在家族企业代际传承中的作用。赵曙明、白晓明和赵宜萱（2015）认为企业家胜任素质应包括基础、能力和目标三部分。

2.2　企业家创新理论研究综述

2.2.1　国外企业家创新理论

约瑟夫·熊彼特（Joseph A. Schumpeter，1934）的企业家创新理论。熊彼特在其著作《经济发展理论》中提出了著名的"创新理论"。熊彼特认为创新就是建立一种新的生产函数，即把一种从没有过的生产要素或生产条件的"新组合"引入生产体系。这种新组合包括五种情况：生产新产品、采用一种新的生产方法、开辟新市场、控制新的材料供应来源和实现新组织。利润正是来源于企业家在以上五个方面的创新。熊彼特把创新看成是经济发展的最重要因素，是资本主义最根本的特征。

彼得·德鲁克（Peter F. Drucker，1985）的企业家创新理论。德鲁克在《创新与企业家精神》一书中系统阐述了创新与企业家精神。不同于其他学者从心理和个性角度的分析，德鲁克主要从企业家的行动和实践角度进行阐述。他认为，创新是企业家特有的工具，企业家必须有目的地寻找创新来源，了解成功创新的原理，并加以应用。创新机遇来源于意外事件、不协调事件、程序需要、产业和市场结构、人口统计数据、认知变化和新知识。他探讨了成功孕育企业家精神的政策和措施，研究一个具有企业家精神的机构（包括企业和公共服务机构）如何组织和配备人员。德鲁克认为我们需要一个企业家社会，创新与企业家精神是一种平常、稳定和持续的活动，企业家将成为社会和经济发展的主要推动力。德鲁克从管理学角度对企业家创新和企业家精神的系统研究

---

① 周其仁. 市场里的企业：一个人力资本与非人力资本的特别合约 [J]. 经济研究，1996（6）：71-80.

具有很强的实践指导意义。

威廉·J·鲍莫尔（William Jack Baumol，1994）的企业家创新理论。鲍莫尔在《企业家精神》一书中将企业家精神纳入经济增长模型中，特别研究了作为一种生产要素的"企业家"在生产性和非生产性行为之间的配置，以及这种配置对经济绩效的影响。与传统观点认为模仿将减少创新收益相反，鲍莫尔认为，"企业家"加速了新技术和新创意的传播，给经济活动带来各种变化，正是这些变化提高效率、增加生产并刺激经济增长。尽管如此，企业家精神仍存在各种类型的不恰当运用，为了能够激励人们更好地应用企业家资源，必须制定合理的制度和政策，以防止企业家才能被用于非生产性活动。

克莱顿·克里斯坦森（Clayton M. Christensen，1997）在《创新者的困境》中首先提出了"突破性创新"的概念，创立了突破性创新理论。他构建了一个分析框架，通过大量实例分析解释了那些拥有良好管理实践且不断进行技术创新的大公司如何在突破性创新的冲击下走向失败。突破性创新产品往往具有低成本、高便利和降低使用成本的特性，由于高价格、难操作的特点使其在最初阶段不得不放弃原有产品的主流市场，而呈现非消费的特征。"突破性创新"通过破坏低端市场、破坏新市场和混合破坏三种形式来改变市场格局。为应对创新者的困境，企业需要通过市场细分精准把握用户需求及目标市场的未来发展趋势，在创新初期提供创新资金但并不期望高回报。组织内部的企业家精神、资源配置方式和组织价值观是"突破性创新"的重要影响因素。

谢德荪（Edison Tse，2012）在《源创新：转型期的中国企业创新之道》中提出了"源创新"的概念，分析了我国转型升级之道。谢德荪将商业创新分为流创新和"源创新"，前者指着眼于优化自身资源的改善价值链的创新，通过企业自身的资源来满足市场需要；后者指通过组合外部资源，利用生态系统使新理念的价值不断增加。将"源创新"概念与动态战略理论结合，创新了与价值链相对应的新型商业模型：两面市场商业模型。在两面市场商业模型中，企业不仅可以利用自己的资源，还可以利用生态系统内其他成员的资源；同时，企业并不只把价值提供给下游客户，而是向企业生态系统的所有成员提供价值，即组合一面市场成员的资源来为另一面市场的客户提供价值。中国经济转型要跳出价值链中的生产环节，通过两面市场推动"源创新"，在信息革命中走跨越式发展之路。

国外学者从多角度对企业家创新进行了丰富的研究。在企业家创新的影响因素方面：Yannis Georgellis 等（2000）研究发现，创新成功取决于企业家的计划能力、创新能力和风险承担意愿等因素；Cathleen A. McGrath 等（2006）

从经济和社会两个角度分析了企业家咨询网络对企业家创新绩效的影响；Jin-tong Tang、Zhi Tang 和 Franz T Lohrke（2008）用认知学方法研究了影响企业家创新行为的个人因素；Koellinger（2008）研究表明，企业家创新行为受到环境因素和个人因素两方面的影响，个人层面的高等教育背景、失业状态和高度自信与企业家创新密切相关，发达国家的企业家更倾向于自主创新，而不是采用模仿策略；Paul J. Ferri、David Deakins 和 Geoff Whittam（2009）研究了社会资本的深度和丰富度对于企业家的影响；Miika Varis 和 Hannu Littunen（2010）分析了信息源对不同类型的企业家创新的影响；David Pickernell 等（2011）分析了研究生创业者与非研究生创业者在企业运行的多方面体现出的不同之处；Edward Nissan 等（2012）实证分析了文化和企业家创新的关系；Simon Ste-phens（2013）研究了商业网络对企业家创新的影响。

在企业家创新对经济绩效的影响方面，创新活动对于经济增长的推动作用已经得到较为丰富的研究：Porter（1990），Baumal（1993），lumpkin（1996）等从理论上阐述了企业及其创新活动对于经济增长的影响；Reynold、Hay 和 Camp（1999），Zacharakis、Bygrave 和 Shepherd（2002），Henderson（2002）实证研究了企业家活动对国家间经济增长的差异的影响；Miguel - Ángel Galin-do 和 María - Teresa Méndez - Picazo（2013）通过对十个发达国家的实证研究发现，创新对经济增长起着重要作用，在通过引进新技术来提高公司能力和利润的过程中，企业家起着中介作用，社会环境和制度同时也是必要的因素。

另外，Tse（2002）构建了攫取者 - 支持者动态模型对企业家创新的网络效应进行分析；Smith（2008）分析了情感信任和认知信任在企业家网络发展的不同阶段起的不同作用；Paulo Antônio Zawislak 等（2012）构建了包括技术发展、运营、管理和交易四方面的创新能力框架；Ansar Ali Rajput 和 Sabir Hussain Kalhoro（2014）通过对巴基斯坦中小型企业家的问卷调查发现，企业成长和经济发展取决于企业家精神、创新和机会，而企业家创新行为、恰当的文化环境和充足的资源是影响企业家成功的关键；Youngkeun Choi 和 JeongYeon Kim（2013）研究发现，企业家属性和政府机构支持之间的动态相互作用是影响企业发展的关键因素。

2.2.2　国内企业家创新理论

国内学者对于企业家创新行为也进行了丰富的研究。在企业家创新与企业成长方面，伍刚博士（2012）分析了技术创新、制度创新和价值创新与企业成长的关系，得出企业家的创新精神是促进企业成长的主要因素的结论；姚建文等（2011）从企业生命周期视角分析了企业家创新与企业成长的关系，并据此提出在企业的不同发展阶段企业家应采取的不同创新方式。

关于企业家创新能力或行为对企业绩效和经济绩效的影响方面的研究颇多。李志（2008）、欧雪银（2010）分析了企业家能力和创新行为对企业绩效的影响；段晓红等（2010，2011）认为企业家是稀缺性的生产要素资源，企业家能力对企业创新能力产生重要影响；于海云等（2013）实证分析了企业家信心对民营企业创新绩效的影响，企业家信心能够减弱资源匮乏和技术能力不足对创新绩效的消极影响；肖建忠等（2004）、何予平（2006）、李宏彬等（2009）、张磊（2012）等实证分析了企业家创新精神对经济增长的影响；杨宇等（2008）、赵文红（2011）、赵文（2012）等通过实证分析得出企业家人力资本对区域创新和经济绩效具有促进作用的结论；何小斌等（2013）通过实证分析发现企业家的社交活动时间与企业绩效正相关，而企业家的日常经营管理时间与企业绩效并无此相关性；张晓蒂等（2014）实证检验了企业家资源拓展在经济效率可持续性提高方面的显著影响。

从企业家心理和意识角度，张华（2010）对企业家创新意识进行了研究，得出企业家创新意识与企业创新绩效呈显著正相关的结论；刘新民等（2013）实证分析了偏好财富型、偏好事业型等不同类型的企业家对创新方式选择的影响；王炳成等（2013）探讨了不同的人格特质在商业模式创新和员工企业家精神的关系中起的调节作用。

从企业家社会资本视角出发，吕淑丽（2008）系统分析了企业家社会资本对企业技术创新的影响；姜卫韬（2012）剖析了企业家社会资本的构成因素，建立企业家社会资本影响机制理论模型，进而提出中小企业自主创新能力提高的三种策略；吴俊杰等（2013）研究了企业家社会资本、技术创新绩效和知识整合能力之间的关系，结果表明，企业家社会资本对知识整合能力有显著影响，企业家商业社会资本和技术社会资本对技术创新绩效有显著影响，而企业家制度社会资本无此影响，知识整合能力在企业家的社会资本对技术创新绩效的影响中起到中介作用；李西垚等（2010）分析了商业关系和政治关系对于企业家创新的影响；曾驭然博士（2005）通过考察中国广东珠江三角洲制造业企业的商业网络，研究了企业家社会关系对企业创新和绩效的影响；何镜清等（2013）对民营企业家的政治关联对贷款融资与公司价值的影响进行了实证分析，结果表明，政治关联能够带来债务融资便利，但不利于银行信贷资金的有效配置；马丽波等（2014）应用博弈论对民营企业家与政府政策间的关系进行了研究，并就此提出了建立民营企业家与政府间的良好关系的对策建议；陈爽英等（2010）实证分析了民营企业家社会资本对其研发投资决策的影响，结果表明，不同的社会关系资本对研发投资决策发挥着不同的作用，其中，银行关系资本和协会关系资本对研发投资倾向和强度起到积极作用，但政治关系资本起消极作用；张宏和薛宪方（2014）以温州民营企业家为样本实证分析表明，民营企业家社会资本与企业绩效有正相关关系；周阳敏和李晓姣（2013）以民营企业 500 强为研究对象，发现民营企业家地缘资本能够改善企业要素投入，认知资本和政治资本对企业绩效有积极作用，而素养资本的作用并不显著。

在企业家创新的影响因素方面，高波（2007）、常建坤（2008）研究了不同的区域文化对于企业家精神的影响；郭俊华等（2009）着重分析了我国企业家精神缺失的制约因素，进而提出培育企业家创新精神的策略；孔宪香（2010）分析了经理人市场、资本市场和产品市场这三种市场对企业家创新活动的激励作用及其相互作用；李志强（2009）研究发现，企业家创新行为具有路径依赖性，能够在学习中整合外部隐性知识是提升企业家创新能力的关键；刘晓敏等（2009）探讨了企业内部知识共享、外部知识获取和企业家导向对自主创新的影响；李楠等（2008）认为我国民营企业家创新资源瓶颈的重点在于科技、金融和人才瓶颈；贺立龙等（2009）认为民营企业家的创新障碍主要在于动力缺陷、资源瓶颈和制度困境，并由此提出了解决对策；于海云等（2013）实证研究发现，企业家信心是民营企业创新绩效的重要影响因素，能够降低资源匮乏和技术能力不足给企业带来的消极影响；张小蒂和李晓钟（2008）分析了我国民营企业家人力资本的特殊性，并从梯度升级和梯度扩散两个角度探讨了民营企业家的成长特征，提出了促进其成长的制度环境对策。

在企业家创新动力与激励方面，张根明（2009）探讨了技术创新、商业模式创新和关系能力获取这三类企业家创新行为的动力机制和影响因素；并进一步研究企业家创新行为对企业创新绩效的影响；赵薇等（2010）从社会需求的不同层次分析了企业家创新精神的动力；李霞（2010）认为企业家创新的外部性特征使其缺乏创新动力，着重分析了激励企业家创新的方向和手段。

此外，袁勇至（2002）系统研究了制约企业家创新行为的因素，并在此基础上构建了企业家创新行为的障碍模型；陈伟（1996）从创新管理角度对企业家创新行为进行了比较系统的研究，在定义了创新与企业家精神的基础上，分析了企业家创新行为的共性和企业家过程等内容；李召敏博士（2011）

采用案例研究方法对企业家驱动型管理创新过程进行了系统研究；李志强博士（2008）构建了企业家创新行为的制度分析框架，由此探讨了企业家创新行为制度配置的政策含义；马传景（2004）分析了企业家人力资本与企业制度创新间的关系，认为企业家人力资本是推动企业制度变迁的主要因素；贾钰哲（2012）通过一个三角形分析框架分析了企业家创新在市场势力提升中的作用和机理。

2.3   创新生态系统理论综述

2.3.1   生态学与生态系统相关理论

生态学是研究有机体与其环境相互作用的科学。"环境"是物理环境（温度、可利用水等）和生物环境（对有机体的、来自其他有机体的任何影响）的结合体。1866年，德国生物学家恩斯特·海克尔在《有机体普通形态学》一书中首次提出生态学（ecology）的概念：生态学是研究生物体与其周围环境（包括非生物环境和生物环境）相互关系的科学。

1935年，英国生物学家亚瑟·乔治·坦斯利爵士（Sir Arthur George Tansley）提出生态系统的概念。"生态系统是一个'系统的'整体。这个系统不仅包括有机复合体，而且包括形成环境的整个物理因子复合体……这种系统是地球表面上自然界的基本单位，它们有各种大小和种类"。此后，人们开始逐渐关注生态系统的概念，目前比较普遍的定义为：生态系统就是在一定的空间中共同栖居着的所有生物（即生物群落）与其环境之间由于不断地进行物质和能量流动而形成的统一整体①。

生物学家一般将自然生态系统分为个体、种群、群落和生态系统四个尺度进行研究。个体指的是单个生物；种群指的是同一时期占有一定空间的同种生物个体的集合；群落指的是在相同时间聚集在同一地段上的物种种群的集合；生态系统指的是一定空间中的一切动物、植物和物理的相互作用。根据被研究的生物群落大小的不同，生态系统也可以是任意大小的。

生态系统可以分为非生物部分和生物部分。非生物部分指的是光照、温

---

① 曲向荣.环境学概论［M］.北京：北京大学出版社，2009.

度、水、土壤等物理环境；生物部分也就是各种生物群落，可根据其营养关系再分为生产者、消费者和分解者。在生态系统中，生物之间及生物与非生物环境之间存在着复杂的有机联系，且不断进行着物质和能量的交换。绿色植物通过光合作用使太阳能成为进入生态系统的能量，这些能量在食物链中流动，维持生态系统的正常运行。绿色植物（生产者）吸收环境中的营养物质，然后将营养物质转移给草食动物和肉食动物（消费者），再被微生物（分解者）分解，最后释放到环境中。环境中的物质再一次被植物吸收并进入食物链，参加生态系统的再循环。

生态系统的营养与代谢机制。生物体的生存需要源源不断的营养物质，这些营养物质把生态系统中的生物和非生物部分紧密地结合起来，通过食物链把生物与非生物、生产者与消费者、消费者与消费者联系为一个整体。在生态系统中，生物间的营养关系不是一对一的简单关系，不同食物链之间常常是相互交叉而形成复杂的网络式结构，也就是所谓的食物网。代谢是指生物体从环境中摄取营养物质转变为自身物质，同时将自身原有组成转变为废物排出到环境中的不断更新的过程。它包括物质代谢和能量代谢两个方面，分别指生物体与外界环境之间物质或能量的交换过程和生物体内物质或能量的转变过程。

生态位是生态学中的一个重要概念，是指在生物群落中，一个生物单位（包括个体、种群或物种）对资源的利用和对环境适应性的总和，包括其在时间、空间上所处的位置，以及与其他相关生物单位间的功能关系。自然界中的每个生物、种群或物种都具备一个最适合自己生存和发展的生态位，在这个生态位下，它们可以最大化地利用已有资源。

个体与物种间的相互关系可以分为竞争、捕食、互利共生和寄生等。竞争是利用有限资源（如食物、空间等）的个体间的相互作用，导致竞争个体间的适合度降低。竞争既可在利用共同资源的物种间发生，也可在同种个体间发生。个体或物种的生态位是决定个体或物种与其他个体或物种竞争程度的关键。大范围的生态位重叠一般会导致激烈竞争。互利共生是两不同种个体间的一种互惠关系，可增加双方的适合度。

2.3.2　创新生态系统的界定

创新生态系统理论是从企业仿生学角度探讨企业创新，国内外学者从不同角度对其内涵进行了界定。罗恩·阿德纳（Ron Adner, 2006）首次将创新生态系统定义为"一种协同整合，即各个公司把各自的产品整合起来形成一套协调一致的、面向客户的解决方案"①。本文认为，创新生态系统可以概括为在一定的空间范围内，各类创新主体与其创新环境之间通过创新要素的交互活动而形成的统一整体。创新生态系统与自然生态系统具有相似的生态特征和演化规律。创新主体可视为自然生态系统中的生物个体，具有类似于生物的成长性、竞争性、环境适应性等特性，创新生态系统同样遵循生态系统规律，如优胜劣汰、进化、生态平衡等。创新主体与创新环境通过资源交换促进创新生态系统的进化。

根据耗散结构理论，可将创新生态系统看作是一个远离平衡态的、非线性的开放系统。在创新生态系统中，各创新主体之间、创新主体与环境之间不断进行创新物质、能量等的交换，以适应环境的变化和增加创新主体自身的竞争力。创新种群之间竞争关系与合作关系共存，其相互作用是非线性的；同时，创新投入要素与创新成果之间也并不存在简单的线性关系，即创新要素投入增加未必带来创新成果的增加。随着环境的变化，创新生态系统能够在原有基础上进行调整，不断演化，从无序走向有序，形成更高级的有序系统。

2.3.3 创新生态系统研究综述

创新生态系统理论在美国得到了高度重视，美国总统科技顾问委员会（PCAST）（2004）发布的关于美国国家创新生态系统的两个报告中首次提出了"创新生态系统"的概念。美国竞争力委员会（2004，2005）在《创新美国》的报告中提出了"创新生态模型"。2008年美国总统科技顾问委员会（PCAST）再次阐述了"创新生态系统"的行为主体及不同主体间的相互作用。罗恩·阿德纳于2006年首次将创新的生态系统定义为"一种协同整合，即各个公司把各自的产品整合起来形成一套协调一致的、面向客户的解决方案"。他认为，企业创新不应依靠单个企业的资源和力量，而是要通过打造自己的合作网络，通过互补性协作为顾客创造出有价值的产品。依靠生态系统的创新给企业带来收益的同时，也带来了风险。企业在制定创新生态系统战略时需要正确评估"创新生态系统"的项目风险、依赖风险和整合风险。2012年阿德纳再次提出了"创新生态战略"，认为企业不再是独立的创新者，而是更

---

① Ron Adner. Match Your Innovation Strategy to Your Innovation Ecosystem [J]. Harvard Business. 2006 (04)：98 - 107.

广泛的"创新生态系统"的参与者之一。他用米其林轮胎、好莱坞数字电影、亚马逊、索尼和苹果等诸多例子告诉我们如何才能正确认识整个生态系统。企业不仅要管理好自己的创新，更好管理好整个"创新生态系统"。为正确认识创新所依赖的生态系统并避开可能的陷阱，阿德纳提出了广角镜工具箱（The Wide - Lens Toolbox），企业从产品原型到上市的整个过程中要保持最小可存活足迹（minimum viable footprint，MVF），使企业始终保持一个完整的生态系统，然后再将这个有限的生态系统逐步分阶段地扩张。

国外学者应用创新生态的理念进行了有益的探索。Lundvall（1992）和Nelson（1993）开发了国家创新系统模型。Griffiths 等（2009）通过检验 34 个国家的政府因素、经济因素和技术因素对国家创新生态系统的影响后得出结论，尽管政府和经济环境对创新生态有积极影响，但研发水平、人力资本和早期种子资金是创新的关键指标。研发水平越高，劳动力技术水平越高，风险资本越多，国家创新生态系统就越强。Wendy Cukier 等（2012）认为企业家能力是加速国家数字经济和创新策略的重要人力基础，以瑞尔森大学数字媒体区为例，探讨了作为创新生态系统的重要组成部分的大学孵化器的作用。通过构建一个生态模型说明大学孵化器不仅能够提供短期成功，更能提供培养创新文化的模型。Gundry 等（2011）认为社会创新不仅取决于企业家能够整合资源解决问题的程度，还取决于一整套制度和结构——创新生态的支持。通过对 113 个企业家的调查，实证检验了创新生态与创新系统变化的驱动因素有关，而且受企业家的资源整合能力的调节。Birol Mercan 和 Deniz Göktaş（2011）从集群发展的状态、大学产业合作和创新文化三个部分分析创新生态系统，认为集群能形成累积知识，对创新活动有积极作用，大学和产业间的研发合作将会增加创新产出，熟练的和受过良好教育的劳动力及高技能迁移可看作是创新文化的标志，创新文化有利于培育创新活动；这三个方面在创新过程中发挥着重要作用。Satish Nambisan 和 Robert A. Baron（2012）研究了创新生态系统中企业家的自我调节过程，探讨了企业家在满足生态系统领导者的需求和达成本公司的目标之间取得平衡时，企业家自我调节过程的潜在作用。

国内关于创新生态系统的研究主要集中在以下几个方面。在高科技企业创新生态系统研究方面，Lasser（2006）、石新泓（2006）以 IBM 为例论证了高科技企业融入创新生态系统的必然性与紧迫性；栾永玉（2007）论述了高科技企业跨国创新生态系统的结构、形成和特征；张云生等（2008，2010，2011）针对高科技企业构建了创新生态系统风险评价指标体系，论证了高科技企业创新生态系统治理机制包括的具体内容，提出了一套高科技企业创新生态系统技术标准许可价格结构及非平衡性理论一般性分析框架，以科学定价机制为基础，提出高科技企业创新生态系统的主要治理模式；覃荔荔（2012）对高科技企业创新生态系统的可持续发展机理进行了分析和评价；张立飞（2015）利用生物演化密度依赖模型分析了高科技产业创新生态系统中技术种群间的耦合关系。在战略性新兴产业创新生态系统研究方面，李煜华等（2014）构建了系统内企业与科研院所的协同创新模型，并提出相应的系统创新共生策略；吴绍波等（2014）提出了三种战略性新兴产业创新生态系统技术标准。在创新生态系统风险研究方面，张云生（2009）、郑航（2009）、李小群（2009）、周大铭（2014）分别构建了创新生态系统的指标体系。在区域创新生态系统研究方面，黄鲁成等（2003，2004，2006）分析了区域创新生态系统的特征、生存机制和制约因子，并给出了健康评价的方法；徐占忱等（2007）运用生态复杂性方法，构建了创新生态系统集群主体间的创新优效性模型；刘志峰（2010）研究了区域创新生态系统的功能机制和结构模式；卢明纯（2010）设计了以联盟合作为导向的区域创新生态系统支撑平台及重构模型；陈畴镛等（2011）分析了区域技术创新生态系统的集聚系数和特征路径长度等小世界网络特征。此外，孙冰（2011）提出了基于核心企业视角的企业技术创新生态系统结构模型；靳洪（2011）提出了企业战略创新生态系统的理念；吕玉辉（2011）以生态学观点研究了技术创新系统的要素模型与演化规律；陈劲等（2011）阐述了国家技术创新体系中生存、演化和优化的三阶段创新发展机理，并构建了国家技术创新能力评价的演化能力和优化能力双层指标体系；陈向东和刘志春（2014）利用包含态、流、势的三维评价指标对我国国家级科技园区的创新生态系统综合水平进行了实证分析。

2.4　企业家创新生态系统成熟度的相关理论及其评价方法

成熟度理论及其模型描述了某一事物的发展过程框架，一般按照一定的标准将被描述事物分为 4～6 个成熟度等级，等级提升具有严格的顺序性。通过评估成熟度可以为有步骤地推进事物发展过程提供依据。

2.4.1　成熟度理论

（1）CMM 模型的内涵。

针对美国军事软件开发中严重的管理问题，卡内基梅隆大学的软件工程研究所（CMU/SEI）受美国国防部委托于 1987 年制定了软件能力成熟度模型（Capability Maturity Model for Software，CMM - SW）。CMM 构建了一种软件过程框架，刻画了由混乱、不成熟的软件向有规律的、成熟的软件改进的过程，这一过程包括 5 个成熟度等级。CMM 引导软件机构确定其软件开发过程所处的成熟度等级和影响软件质量的关键过程域，从而选择恰当的软件改进策略，对软件开发过程不断优化。CMM 对软件开发过程的控制能够帮助软件机构提供符合成本和进度要求的高质量软件。

（2）CMM 的等级。

逐步提高软件过程的成熟度等级需要经历许多循序渐进的改进步骤。如图 2 - 1 所示，CMM 将这些步骤分为 5 个成熟度等级，这 5 个等级构成了评价软件过程成熟度和软件过程能力的发展阶梯。

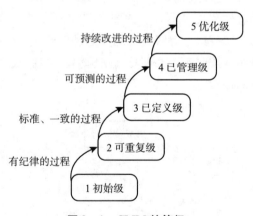

图 2 - 1　CMM 的等级

CMM 的 5 个等级的主要行为特征如下：

初始级（Initial）。缺乏稳定的软件开发环境，软件开发过程是无序的，甚至是混乱的；由于缺乏健全的管理制度，无法为软件开发提供稳定的环境；项目成功依赖于某个具备较高能力的软件管理人员或开发团队的努力。

可重复级（Repeatable）。建立了基本的软件管理制度；项目负责人能够跟踪软件的成本、进度和功能；确定并遵循项目的标准；通过制定过程纪律使项目过程处于有效控制之下，并能够重复以往相似项目的成功。

已定义级（Defined）。将包括软件工程和管理过程的软件过程文档化和标准化；通过培训保障员工具备必要的知识和技能；所有项目均使用经集体同意的、剪裁的标准软件过程来开发软件。

已管理级（Managed）。对软件产品和过程设置定量化质量目标；收集和分析软件过程的数据，对软件过程和产品进行定量化检测和控制；能够预测软件的过程和产品质量。

优化级（Optimizing）。通过主动确定和防范软件过程的薄弱环节、量化反馈软件过程，以及使用新技术、新方法来对软件过程进行不断改进。

综上所述，CMM 共分为 5 个等级，除了第 1 级外，每一级都设定了一组过程目标，当目标达成时，就表明达到了相应的成熟度等级，可以向下一个更高级别迈进。每一个等级都是实现下一个更高等级的基础，按照这个成熟度阶梯框架，软件机构不断改进软件过程，不断由较低的成熟度等级向较高的成熟度等级进化，最终达成目标。

（3）CMM 的结构。

CMM 由 5 个成熟度等级构成，每个成熟度等级都可以分解为三个层次：关键过程域、共同特性和关键实践。如图 2-2 所示，除了等级 1 外，每个成熟度等级都包含几个实现这一等级目标的关键过程域，关键过程域由关键实践来描述，这些关键实践按照 5 个共同特性来组织。实现了这些关键实践后，就达成了关键过程域的目标。

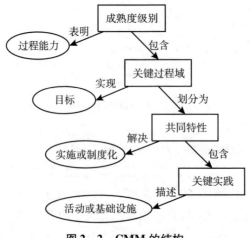

图 2-2　CMM 的结构

关键过程域。关键过程域是指相互关联的若干操作活动和有关基础设施，它们是达成某个成熟度等级的目标至关重要的方面。除等级 1 外，每个成熟度等级均由几个关键过程域组成，关键过程域说明了达到每个成熟度等级必须解决的问题。每个关键过程域都确定了一组对提高软件过程能力起关键作用的目标，目标说明了每个关键过程域的范围、界限和意义。表 2 – 1 显示了每个成熟度等级的关键过程域。为达到某个成熟度等级，该等级（以及较低等级）的所有关键域的目标必须达成，并实现过程的制度化。当然，由于项目的应用领域和环境不同，达成关键过程域目标的途径也是不同的。

表 2 – 1　　　　　　　　　能力成熟度等级的关键过程域

成熟度等级	关键过程域
1　初始级	
2　可重复级	需求管理；软件项目计划；软件项目跟踪和监督；软件分包合同管理；软件质量保证；软件配置管理
3　已定义级	机构过程焦点；机构过程定义；培训大纲；综合软件管理；软件产品工程；组间协调；同行评审
4　管理级	定量过程管理；软件质量管理
5　优化级	缺陷预防；技术革新管理；过程更改管理

关键实践。关键实践描述了对关键过程域的有效实施和制度化起最重要作用的基础设施和活动。需要执行的关键实践会随着成熟度等级的发展而不断进化。关键实践一般只描述了需要做"什么"，而没有强行规定具体"如何"实现目标。每个关键实践由一个单独的句子组成，后面对各实践提供了更为详细的阐述或实例。

共同特性。共同特性是在关键过程域框架中描述的结构性约定，包括执行约定、执行能力、执行活动、测量和分析、验证发现五个方面。通过这五个共同特性将每个关键过程域包含的关键实践组织起来。共同特性是指明一个关键过程域的执行和制度化是否有效、可重复和可持续的属性。共同特性和典型内容如表 2 – 2 所示。

表 2 - 2 共同特性及其典型内容

共同特性	属性	典型内容
执行约定	机构为保证过程建立起来并持续发挥作用而采取的一些行动	制定机构策略和构建领导体制
执行能力	项目或机构为完成软件过程所必须拥有的基础条件	机构结构、资源和资金、培训
执行活动	执行一个关键过程域所必需的活动、职责分配和规程	制定计划和规程、实施工作、进行跟踪、必要时采取纠正措施
测量和分析	为确定、控制和改进过程状态所必需的基本测量实践	可能采用的测量实例
验证发现	为保证执行的互动与已建立的过程相一致所采取的步骤	上级负责人和项目管理部门的监督、关键质量保证组实施的验证活动

2.4.2 成熟度模型的应用

成熟度模型（CMM）于 1987 年由卡耐基梅隆大学的软件工程研究所（CMU/SEI）开发，旨在解决美国军事软件开发过程中存在的管理困境。软件成熟度模型（CMM - SW）将软件开发过程划分为五个成熟度等级，描述了软件开发的阶梯式进程框架。通过评估当前软件开发所处等级和关键过程域，诊断现状与目标间的差异，从而确立达成目标的改进策略。CMM 模型被首次提出后，不仅得到了软件行业的广泛关注，还被应用于更为广泛的领域。

（1）人力资源成熟度模型。

人力资源成熟度模型（P - CMM）由美国卡耐基梅隆大学的软件工程研究所（SEI）于 1995 年提出，旨在帮助企业构建人力资源框架，评价人力资源管理能力，改进人力资源管理流程。在 1995 年推出第一版标准的基础上，于 2001 年又推出了第二版标准。William Hefley（1998）提出了通过问卷、评价、报告几个步骤诊断企业人力资源管理过程的标准评价方法。Members of the Assessment Method Integrated Team（2001）提出了联合评价法。Carnegie Mellon University Software Engineering Institute（2002）提出了问卷调查评价法。Hawley（2006）将 P - CMM 模型用于解决人口老龄化问题。在国内的研究中，陈耀金（2002）、吴继红等（2003）、李瑞祥等（2005）介绍了人力资源成熟度模型的基本思想和评价方法。刘昱等（2008）提出了人力资源信息化成熟度模型，划分了三个成熟度等级并定义了四项关键判别指标。曹莉娜（2014）应用模糊聚类分析对江苏省中小企业的人力资源成熟度进行了实证分析。谭宏

（2014）将 P – CMM 模型应用于 H 公司人力资源管理系统，并提出了相应的提升对策。

（2）项目管理成熟度模型。

国外学者对项目管理成熟度进行了广泛的研究，目前提出了三十几种不同的项目管理成熟度模型（PMMM）。其中比较有影响的是以下几种：C. William Ibbs 和 Young Hoon Kwak（1998）提出的 Berkery 项目管理成熟度模型；Project Management Solutions，lnc.（2001）提出的 PMS – PM3 模型；Harold Kerzner（2001）提出的 K – PMMM 模型；英国政府商务办公室（2005）发布的 P3M3 模型等。国内学者的研究中，袁家军等（2005）针对神舟飞船项目开发了 SZ – PMMM 模型；李强（2005）将项目管理成熟度模型应用于房地产行业；傅道春（2006）、陈玉婷和薛祥东（2010）、贾广社和陈建国（2012）、任宏（2012）等学者将项目管理成熟度模型应用于建筑业；肖勇（2007）将该模型应用于国防科研项目；左玮（2008）构建了电信行业项目管理成熟度模型；秦黄辉（2009）建立了空调行业的项目管理成熟度模型。在评价方法方面，秦占巧（2009）应用灰色综合评判法对项目管理成熟度进行了评估；张宪（2012）应用神经网络对项目管理成熟度进行了评估等。

（3）知识管理成熟度模型。

知识管理成熟度模型（KM3 或 KMMM）的主要研究成果包括：Kulk-arni 和 Louis（2003）、Schwartz 和 Tauber（2009）、Kuriakose 等（2011）等从不同角度定义了知识管理成熟度模型；Arthur Andersen（1996）开发了知识管理评估工具；Robinson 等（2006）构建了知识管理概念图；Desouza（2006）构建了知识管理成熟度模型的理论框架，并进行了实证研究。在知识管理成熟度模型的关键过程域方面，Pee 和 Kankanhalli（2009）、Infosys（2010）、Kuriakose（2011）对关键绩效领域范围、关键成熟度指标和关键结果域等内容进行了研究。国内学者的研究中，吴方（2005）、曹颖（2007）、汪建康等（2011）构建了知识管理成熟度模型内部框架结构；张鹏（2010）搭建了知识管理成熟度模型框架，采用 AHP 法确定指标权重，并从定量和定性两个角度研究了成熟度升级方法。

（4）创新能力成熟度模型。

Pekka Berg（2002）搭建了 R&D 质量成熟度模型框架，定义了成熟度等级、评价过程和评价工具，并对该模型在测评 R&D 质量方面的有效性进行了实证研究。李松辉等（2003）提出了区域创新系统的成熟度计算方法和成熟度合成规则。李于军（2006）构建了中关村自主创新能力成熟度模型，划分了五个成熟层级。安景文等（2006）构建了技术创新能力成熟度模型的评价指标体系。赵林捷等（2007）借鉴能力成熟度模型思想构建了创新管理成熟度模型（IMMM）。陈玉和（2010）划分了技术创新成熟度模型的五个成熟度等级，并对每个等级进行了特征描述。李海超等（2012）划分了学习型区域创新系统成熟度的发展阶段，构建了评价指标体系，并对我国四大经济区域的区域创新成熟度进行了实证分析。袁潮清等（2012）构建区域创新系统成熟度的评价指标体系，应用灰色定权聚类法对我国内地31个省（市、区）进行了成熟度评价，并分析了该成熟度对投入产出效率的影响。

将 CMM 模型应用于创新领域的相关研究主要集中在区域创新系统成熟度评价和技术创新能力成熟度两方面。

区域创新系统成熟度模型主要用于某区域的创新系统发展水平测定。其基本思想是首先划分区域创新系统成熟度发展阶段，定义由低到高的若干层级，定义每个层级的特征或评语集；然后根据区域创新系统的不同影响因素制定评价指标体系，通过问卷调查或统计资料等方式获得数据，进而确定指标权重，常见的方法有因子分析法、层次分析法、熵权法等；采用恰当的评价方法对区域创新的不同影响因素进行评价；最后根据不同影响因素成熟度水平计算区域综合成熟度水平。该方法也常用于多区域创新系统成熟度水平的评价和比较。

技术创新能力成熟度模型为主要针对某企业或某行业的技术创新能力进行评价的工具。其基本思想是将技术创新能力成熟度划分为从低到高的若干层级，依次代表不同的技术创新能力，并对各个成熟度等级的特征进行描述；以此为基础确定技术创新的关键能力要素，并设计各个关键能力要素的评价指标；然后选择符合研究对象特征的评价方法对技术创新能力成熟度进行评判；最终确定的技术创新能力成熟度等级代表了该企业或行业的技术创新能力水平，同时可以通过分析找出技术创新能力的发展瓶颈，为有序改善技术创新能力提供方向。

2.4.3 成熟度的相关评价方法

常用的成熟度评价方法有数据包络分析法、模糊综合评价法、灰色综合评价法和主成分分析法等。不同评价方法的适用条件和范围存在一定差异，需要根据评价对象的创新生态系统的特点选择恰当的评价方法。

数据包络分析（以下简称 DEA）是利用数学规划模型进行的相对有效性评价，适用于评价多指标投入、多指标产出问题。该方法的评价步骤一般为首先通过构建评价指标体系确定若干输入和输出指标；其次构建 DEA 线性规划模型；最后对 DEA 模型进行变换和求解，根据求解结果评判各决策单元的绩效。

模糊综合评价法以模糊数学的隶属度理论为基础，将定性指标转变为定量指标，适用于评价指标较多且评价指标为定性指标的问题。该方法的评价步骤一般包括：第一，构建评价指标体系，该体系一般分为目标层、准则层和影响层三个层次；第二，确定指标权重，目前多用层次分析法来确定权重；第三，构建评语集，评语集是评价者对评判对象可能做出的各种总的评价结果组成的集合；第四，计算模糊评判矩阵，对指标的专家打分情况进行统计，计算隶属度，再将隶属度组合后形成综合评判矩阵；最后进行综合评价。

灰色综合评价法是应用灰色关联分析由已知信息确定未知信息的综合评价方法，其特点是尤其适用于小样本或指标数据不完整和不确定的情况。以典型的灰类白化权函数聚类为例，其评价步骤一般为：首先，构建指标体系和确定指标权重；其次，划分灰类，确定各灰类的中心点，建立三角白化权函数；再次，计算综合聚类系数；最后，判断研究对象的所属灰类，进行综合评估。

主成分分析法是采取降维的思想，将多指标转化为少数几个指标的方法，适用于指标较多且指标间关联性较强的评价分析。

2.5　国内外研究现状评价

纵观国内外对企业家和企业家创新的研究可以发现，企业家创新是个复杂的过程，许多学者都对此进行了十分丰富的研究。研究者利用社会学、心理学、行为学、管理学和经济学等多种方法对企业家创新行为进行了研究，在企业家创新能力、创新过程、创新影响因素及企业家创新对经济绩效的影响等方面取得了丰硕成果。可以看出，对企业家创新的研究重点从企业家个体创新能力，发展到强调通过与其他企业或机构合作的系统创新，正迈向全面创新阶段。我国市场经济发展的独特历史决定着我国民营企业家创新面对着不同于西方国家的独特市场环境，国外关于企业家创新的研究并不能对我国特有体制和所处创新环境下的民营企业家创新问题提供有针对性的分析和解释。而目前国内外大多数研究都是沿着西方学者的研究思路进行的。已有研究对在市场化进程中我国民营企业家的特殊性、我国民营企业家的创新特征，以及我国民营企业家创新的内外部环境的作用机理仍然缺乏系统的研究。

　　将生态学相关理论应用于企业创新活动的研究已经取得了一定的成果，也显示出生态视角的优越性。以创新生态系统视角对企业创新行为的研究主要是以企业为研究对象，集中在以下三个方面：第一是对企业生态系统特征的分析，包括创新生态系统的概念、结构、功能、创新组织与创新环境的关系等；第二是应用生态学方法解决企业创新问题，包括应用自然生物种群和群落原理、生态系统运行机制和演化规律等分析企业创新的生态特征和规律；第三是对创新生态系统的风险分析，主要对企业技术创新过程中的风险进行分析并评价。以生态视角对创新问题的研究多是以企业为研究对象，以我国民营企业家创新行为为研究对象的研究还极为少见，更缺乏从创新生态系统视角对我国民营企业家创新行为的系统分析。

　　成熟度模型将某实体（人、组织或功能等）的发展过程划分为不同阶段，定义每个阶段的评价标准，构建评估模型并对成熟度水平进行评价，从而提出改进与提升的策略。民营企业家创新生态系统的发展也是一个由低到高渐进发展的过程，通过评价民营企业家创新生态系统成熟度水平，能够明确系统地创新现状及进一步提升的重点与步骤。本书从创新生态系统出发，分析我国民营企业家创新生态系统的成熟度水平，主要解决以下三个问题：第一，定义企业家创新生态系统的研究范式，分析我国民营企业家创新生态系统的逻辑构架与构成要素；第二，运用成熟度理论对我国民营企业家创新生态系统进行定量化分析；第三，由民营企业家创新生态系统成熟度水平得出激励我国民营企业家创新的对策和建议。

第 3 章

研究范式与理论框架

民营企业家的创新不仅是由科技进步和市场需求推动的，而且是民营企业家在创新生态系统内与其他创新主体和创新环境相互作用的结果。本章在分析生态学与创新生态系统的理论耦合，定义企业家创新生态系统的基础上，提炼企业家创新生态系统的 NSE 研究范式。进而构建以创新生态位为逻辑基点，以双重选择为推动力的民营企业家创新生态系统的逻辑架构体系，进一步阐述民营企业家创新生态系统的进化特征，并由此对我国民营企业家创新生态系统的构成要素及其相互关系进行分析。

3.1 企业家创新生态系统的理论界定

3.1.1 企业家创新的生态特性

根据生态学理论，自然界中的生态系统有生物个体、种群、群落和生态系统四个层次。自然生态系统包括非生物部分和生物部分，非生物部分指的是光照、温度、水、土壤等物理环境；生物部分也就是各种生物群落，可根据其营养关系再分为生产者、消费者和分解者。在生态系统中，生物之间及生物与非生物环境之间存在着复杂的有机联系，且不断进行着物质、能量和信息的交换，以维持生态平衡和推进生态进化过程。

企业家创新及企业家创新生态系统与自然生态系统具有相似的结构、功能和进化过程，具备自然生态系统的基本特征。企业家创新生态系统可分为创新主体、创新种群、创新群落和生态系统四个层次。企业家创新生态系统内部通过创新主体与创新环境间的创新资源交换而彼此依赖,互相依存,维持创新生态系统的平衡。每个创新主体都占据一定的创新生态位,并在企业家的努力下不断提高对创新环境的适应性,推进创新生态系统的进化。企业家创新与自然生态的相似性具体体现在以下几个方面。

(1) 生物个体与创新主体。

生物个体是指有生命的个体,具有继承、选择和突变等进化特征。创新主体指独立的创新单位,在企业家创新生态系统中指企业或其他创新主体,如合作或竞争企业、科研单位、高校等。

(2) 基因与创新惯例。

生物个体中的细胞在适当的环境下进行自我复制,基因决定着生命体的结构和特征,并通过复制将遗传信息传递给后代。创新主体内部的创新"惯例"① 起着基因在生物进化中所起的类似作用。所谓创新惯例就是指企业在进行创新过程中的各种特点,包括在技术选择、产品生产中的工艺流程、研发投入、商业战略等过程中的行为轨迹等。惯例与基因具有相似的继承、选择和突变的特征。惯例使创新主体保持稳定的特点,并决定着创新主体未来可能的行为(实际行为由创新环境决定),创新主体生产出来的下一代创新主体(如创立一个新的分公司)具有与其母体相似的特征,这说明惯例是可以继承的。当不同的生物个体发生竞争时,选择机制将使更优秀的个体胜出;与此相似的,具有某些惯例的创新主体表现得比其他创新主体更好,这就体现了选择的特征。突变是指基因在复制过程中偶尔出现的差错会使生物产生多种变异,面对不断变化的市场环境,创新组织的核心——企业家不断调整创新策略,这些决策是非惯例的,可以被看作是突变。

(3) 种群与创新种群。

生物学家认为,所谓种群就是在同一时间和空间内共生共存、相互作用、相互交配繁殖的一群个体②,是物种存在的基本形式,也是组成群落的基本单位。创新种群是指在一定地域和一定时间内,具有同质资源、相似研发能力和同类产品的创新主体的集合③。

① [美] 理查德·R. 纳尔逊,悉尼·G·温特. 经济变迁的演化理论 [M]. 北京:商务印书馆,1997:19.

② 美国不列颠百科全书公司编著,郑星煜译. 生态学 [M]. 北京:中国农业出版社,2013:1.

③ 周大铭. 企业技术创新生态系统运行研究 [D]. 博士学位论文,哈尔滨工程大学,2012:24.

（4）群落与创新群落。

群落是指在特定的空间和生态环境下相互关联的多种生物种群的有规律的集合，群落中的不同生物之间及与环境之间相互作用和影响，通过复杂的种间关系形成具有一定营养结构和功能的整体。创新群落是指在特定的区域和时间内具有直接或间接关系的多种创新种群的集合，不同创新主体之间及创新主体与创新环境之间相互作用和影响，通过复杂的种间关系形成具有特定结构和功能的创新整体。创新群落一般是围绕某种特定条件而形成的，这些特定条件可能是某创新项目、创新资源或创新环境。

（5）生态因子与创新生态因子。

生态因子又称生境，是指生物个体、种群和群落所处的环境，由生物环境和非生物环境两部分组成。前者指其他生命有机体对生物个体产生的影响，后者指温度、光照、水等物理环境。创新生态因子是指创新主体、创新种群和创新群落所处的创新环境，包括其他创新主体对其产生的影响（生物部分）和各种创新环境（非生物部分）。

（6）生产者与创新生产者。

生产者指能够直接将简单无机物合成为有机物的自养生物。生产者不仅能够供给自身的成长，还能为其他生物提供物质和能量。创新生产者是能够直接利用创新资源进行创新活动的创新主体。创新生产者研发的创新成果不仅能够促进自身发展，也能为其他组织提供其发展所必需的创新成果和创新资源。

（7）消费者和创新应用者。

消费者指不能通过太阳能直接生产食物，为了生存和繁衍而消化吸收其他有机物的异养型生物。创新应用者指不能利用创新资源进行创新形成创新成果的主体，其生存和发展依赖于引进、吸收和应用已有的创新成果。

（8）食物链与创新链。

贮存于有机物中的化学能通过一系列取食和被食关系在生态系统中层层传递，由此形成的链状序列称为食物链。创新链是指创新主体中的创新成果与创新资源在不同的创新主体和其他组织间的层层传递而形成的序列。

（9）食物网和创新网络。

生态系统中很多动物的食物都是多元的，食物链互相交错而形成了食物网。创新网络是指创新主体吸收来自多个不同来源的创新成果，创新链交错相连而形成的网状关系。

（10）生态系统与企业家创新生态系统。

生态系统就是在一定的空间内所有生物（即生物群落）与其环境之间由

于不断地进行物质和能量流动而形成的统一整体。企业家创新生态系统是指在一定的时空内，创新主体与创新环境之间通过创新要素的交换与循环互相依存而形成的具有生态功能的创新体系。

自然生态系统与企业家创新生态系统的要素比较如表 3 - 1 所示。

表 3 - 1　　　　　自然生态系统与企业家创新生态系统要素比较

自然生态系统要素	内涵	企业家创新生态系统要素	内涵
生物个体	单个生命有机体	创新主体	独立的创新单位
基因	遗传变异的主要物质	创新惯例	企业在进行创新过程中的各种特点
种群	同种生物个体的集合	创新种群	有同质资源、相似研发能力和同类产品的创新主体的集合
群落	相互关联的多种生物种群的有规律的集合	创新群落	有直接或间接关系的多种创新种群的集合
生态因子	生物个体、种群和群落所处的环境	创新生态因子	创新主体、创新种群和创新群落所处的创新环境
生产者	能够直接将简单无机物合成有机物的自养生物	创新生产者	能够直接利用创新资源进行技术创新的创新主体
消费者	为了生存和繁衍而消化吸收其他有机物的异养型生物	创新应用者	生存与发展依赖于引进、吸收和应用已有的创新成果的组织
食物链	贮存于有机物中的化学能通过一系列取食和被食关系在生态系统中层层传递，由此形成的链状序列	创新生态链	创新主体中的创新成果与创新资源在不同的创新主体和其他组织间的层层传递而形成的序列
食物网	食物链互相交错而形成的网状关系	创新生态网	创新主体吸收来自多个不同来源的创新成果，创新链交错相连而形成的网状关系
生态系统	在一定的空间内，所有生物（即生物群落）与其环境之间由于不断地进行物质和能量流动而形成的统一整体	企业家创新生态系统	在一定的时空内，创新主体与创新环境之间通过创新要素的交换与循环互相依存而形成的具有生态功能的创新体系

3.1.2　企业家创新生态系统的内涵

在界定企业家创新生态系统的内涵前，明确企业家的概念是必要的。本文认为，企业家是指在不确定的市场环境中通过发现市场机遇、合理配置资源和组合生产要素而实现创新和发展，承担风险并获取经营收益的企业经营管理者。其内涵包括三方面：第一，企业家是创新者，企业家能够通过开发满足市场需要的新技术、新产品，开拓新市场、开发新客户等活动提高资源产出，基本职能在于通过创新活动推动企业发展。这是企业家不同于管理者的最显著特点，管理者只关注在企业惯例模式中的行为决策，而企业家则关注如何通过新方式推动企业发展；企业家是管理者，而管理者不完全都能成为企业家。第二，企业家是决策者，企业家面临不确定的市场环境，需要预测消费需求，发现市场机遇，并合理配置资源要素，进行各类商业决策（经营）。第三，企业家是风险承担者和收益获取者，企业家在不确定的市场环境中做出各种决策，可能取得成功也可能遭受失败，企业家在获取收益的同时也承担着风险。

在借鉴其他学者对创新生态系统定义的基础上，本文尝试给出企业家创新生态系统的定义：企业家创新生态系统是指在一定的时间和空间范围内，企业家与其他创新主体及其所处的创新环境之间进行着创新要素的交换而形成的具有生态功能的创新体系。其中，创新主体是指任何从事创新活动的独立单位；创新要素包括知识、技术、人才、资金、物质资源等；创新环境指除了创新主体外的一切要素的总和。

企业家创新生态系统（以下简称系统）的内涵可以概括为以下几点：首先，系统的核心在于企业家，企业家的创新精神和创新能力决定着系统的发展方向和目标，决定着企业对于创新环境的适应度，是推动系统发展的根本动力；其次，系统的组成包括创新主体和创新环境，创新主体和创新环境由知识、人才、资金等创新要素的交换而形成紧密相关的整体；再次，系统的功能在于整合创新资源、分散创新风险；最后，系统的目标在于企业家在创新环境的约束下，通过整合创新资源和不断调整自身创新生态位来适应创新环境，从而推进创新生态系统的进化过程，实现经济效益和社会效益。

该系统的边界具有动态性和模糊性。首先，创新生态系统是一个多层次的结构，小的系统是上一级较大系统的一部分，即它的边界是根据研究对象的不同而不断变化的；其次，系统内的创新主体并非是固定不变的，由于创新项目的变化需要不断吸收新的创新主体，同时，原有的一些创新主体退出系统，根据自身需要选择加入另外的系统；再次，同一创新主体可能同时进行不同的创新项目，因此，可以属于不同的创新生态系统；最后，创新主体与创新环境相互影响、相互依赖。创新主体根据创新环境的变化而不断进行调整和适应，同时，这种适应过程也推动着系统的持续进化。

3.2　企业家创新生态系统的研究范式

3.2.1　构建企业家创新生态系统研究范式 NSE

"范式"一词最早由托马斯·库恩于 1962 年在其著作《科学革命的结构》中提出，是指能够体现科学发展阶段的特殊的内在结构，是研究者对科学发展的本质的共同看法。迄今为止，对于创新的研究范式大体上经历了线性范式阶段到系统范式阶段，目前正在发展为创新生态系统范式阶段，如图 3 - 1 所示。

图 3 - 1　创新研究范式的演化阶段

首先是线性范式的研究阶段。线性范式阶段认为，创新是由市场需求或研发活动推动的，强调创新的产生依赖于企业家精神，企业创新应自设研发机构，且企业对创新的投入、产出呈线性关系，研究往往集中于对研发、制造、市场开拓等创新环节的单独运行过程。宏观管理的重点在于政府对创新活动提供基础性研究所需的科研经费，推动科技进步。

其次是系统范式的研究阶段。20 世纪 80 年代后，线性范式开始向非线性范式转变，认为企业创新是产、学、研合作的开放式创新模式，企业需要从外部获取创新所需的资源。Kline 和 Rosenberg（1986）提出了包含多重信息反馈的由需求和研发共同作用的创新交互作用模型。Freeman（1987）提出"国家创新系统"的概念。20 世纪 90 年代后，对于创新的研究越来越多地采用了系统范式。Nelson（1993）、Lundvall（1993）、Enquest（1997）等都认为创新不是由自身单独完成的，而是一个由多主体交互合作的过程，包括用户、供应商、大学、金融机构、政府、中介机构等，不同的主体在复杂的网络系统内，以共同的经济或社会价值为目标进行一系列的创新相关行为。政府应通过税收优惠、财政投入、保护知识产权等方式提供框架性政策支持，鼓励产、学、研的协同创新，强调产业化进程，使创新成为经济增长点。

最后是创新生态系统范式研究阶段。20世纪90年代中期以后，生态学理论和视角逐渐成为新的研究范式。借助生态学隐喻，生态位、竞合关系、营养机制、进化动力等生态学思想被应用于技术创新与演化的相关研究。美国、欧盟、OECD和日本等纷纷就下一阶段的国家创新生态系统进行了研究。在这一阶段，企业的创新活动受到创新生态系统中的产、学、研、用等多方创新主体和创新环境的影响，企业在与其他创新主体的竞合关系中不断提升创新能力，政府通过营造良好的创新生态环境提高创新效率。目前，创新生态系统的相关内涵、要素等理论基础正在孕育当中，尚不存在完善而公认的理论体系。

沿用创新生态系统研究范式，本书构建了企业家创新生态系统的NSE研究范式，即生态位（Niche）—选择（Selection）—进化（Evolution），如图3-2所示。企业家创新生态系统的运行和演化是以具有创新能力的企业家为主体，由企业家确立并占有创新生态位。企业家创新活动受到"选择"力量的影响，"选择"包括创新环境约束下的"自然选择"和企业家主观能动性约束下的"自主选择"。在双重选择力量的约束下，企业家不断调整创新生态位，适应创新环境的变化，这种适应过程推动着创新生态系统的进化。不断进化的创新生态系统为企业家提供更为丰富的创新资源，从而有利于企业家占有更有利的创新生态位，使其更加有效地进行创新活动。

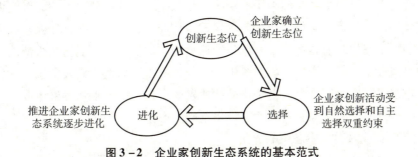

图3-2 企业家创新生态系统的基本范式

3.2.2 企业家创新生态系统的逻辑基点：创新生态位

我国企业家作为改革的先行者和实践者，在推动经济发展和社会进步的过程中起着不可替代的重要作用。在企业家创新生态系统中，企业家是创新活动的指导者和决策者，是创新生态系统的灵魂。企业家的创新活动是以创新生态位为基础的。

生态位是生态学的重要概念，生态位理论是分析研究生物个体间竞争、物种多样性、物种和种群的竞合关系、种群进化、群落演替等问题的基础工具。企业家创新的过程实际上就是企业家利用创新资源并满足创新环境需要的过程。创新生态位是创新主体与创新环境间的关系定位，是创新主体在其所处的创新生态系统中所占有的创新资源的总和，是创新环境的客观约束和创新主体的主动适应后达到的均衡状态。借助创新生态位这一概念，不仅可以描述企业家所处的创新环境的特性，也是分析企业家对创新环境适应程度的基础。因此，创新生态位是分析创新生态系统内容与结构的逻辑基点。

3.2.2.1 创新生态位的界定

（1）生态位理论。

对于生态位的概念还缺乏一个统一的、权威的界定，许多学者从不同角度对其进行了定义，这些定义大致可以分为三类：

第一类，生境生态位。美国学者 J. Grinnell（1917）将生态位定义为能够维持一个物种生存的最小分布单元，他强调了生态位的空间意义。

第二类，营养生态位。英国生态学家 Charles Elton（1927）认为生态位是生物在群落中的功能和位置，特别强调该物种与其他物种的营养关系。

第三类，多维生态位。英国生态学家 G. E. Hutchinson（1957）认为生物的适合度受环境中多个资源因子的影响，生态位是允许物种生存的 n 维资源中的超体积，对生境生态位进行了数学描述。Hutchinson 将生态位分为基础生态位和实际生态位。前者指在没有竞争和捕食的前提下，一个生物有机体能够利用的整体资源，或者指在生物群落中某一物种所占有的理论最大生态空间；后者是指在实际生态环境中，由于竞争和捕食的存在，一个生物有机体或某一物种能够占有的资源总和。实际生态位是基础生态位的一部分。

（2）企业家创新生态位的界定。

借鉴自然生态位的相关理论，本书将企业家创新生态位定义为：在企业家创新生态系统中，企业家在创新环境中所占据的多维资源空间和对创新环境的适应构成了企业家创新生态位，它受企业家创新能力和创新环境的影响。企业家创新生态位不是一成不变的，而是根据企业家创新能力及与创新环境相互作用的变化而不断调整的，是一个动态的演化过程。企业家创新生态位是企业家在一定的创新环境中形成的特定创新生存空间，既是企业家自身创新能力发展的结果，也是企业家对创新环境适应的结果。企业家创新生态位也可以分为基础生态位和实际生态位，前者指不存在竞争时企业家占据的所有资源，后者指在竞争限制下企业家占据的所有资源，后者是前者的一个子集，如图 3 - 3 所示。

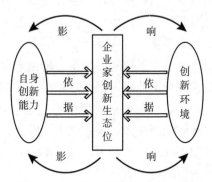

图 3 - 3　企业家创新生态位的形成

与自然生态系统中的生态位相比，企业家创新生态位的形成和变化是由人的主观能动性支配的，这也是企业家创新生态位的最显著特征。在自然生态系统中，由于资源的有限性，不同的生物不可能占有完全相同的生态位，这是客观自然选择的结果。与此不同的是，企业家创新生态位是竞争和自主选择的结果，它受更多人为因素的影响，是企业家发挥主观能动性，在与其他创新主体和与创新环境的交互作用中做出的选择或调整。企业家创新生态位的主观能动性体现在两个方面：

一方面，创新生态位的确立。在企业家创新生态系统的形成过程中，企业家根据企业自身创新能力、所处的创新环境、可获得的创新资源、与其他企业的竞争合作关系、市场需求预测等进行综合评估后，确定自己的创新生态位。企业家在自己的生态位上，占有创新资源，推进创新活动。在创新生态系统中，创新活动中具有不同地位和分工的创新主体对创新资源的需求也存在差异，因此，占据不同的创新生态位。

另一方面，创新生态位的调整。与自然生态位相对稳定不同，企业家创新生态位往往处于不断调整中。第一，创新生态位确立后，企业家为获得更多的创新资源，占据更高的创新生态位，会根据自身需求和创新环境的变化而不断调整自身的创新生态位；第二，技术进步、政策调整、经济发展等外部创新环境的变化会带来新的创新资源，企业家为占据新的更有利的创新资源而不断调整自身的创新生态位；第三，创新生态系统中创新主体并非是固定不变的，不断有不同的创新主体退出或进入系统，退出者让出的创新生态位将由新进入系统的创新主体或系统内原有的其他创新主体填补。

3.2.2.2 创新生态位的宽度

生态位宽度也称生态位大小或生态位广度，是指生物个体所利用的各种资源的总和。当可利用的资源减少时，生物个体为了得到所需的物质和能量，一般会使生态位宽度加大，即生态位的"泛化"。反之，在资源丰富的环境中，生物个体会进行选择性消费，生态位宽度减少，即生态位的"特化"。

企业家的创新生态位是指企业家在创新过程中所能利用的所有资源和环境适应性的总和。与自然生态位仅包含生物所占有的可利用资源程度不同的是，创新生态位不仅包括占有的创新资源，还强调了企业家根据创新环境的变化不断调整创新生态位、适应创新环境的能力。根据 Levins（1968）提出的生态位宽度测度公式，创新生态位宽度可表示为：

$$B_i = \frac{1}{(\sum_{j=1}^{R} P_{ij}^2)} \qquad (3-1)$$

其中，B_i 表示第 i 个区域的企业家创新生态位宽度，P_{ij} 表示第 i 个区域内企业家利用创新资源 j 的个体占该区域企业家个体总数的比例。企业家创新生态位宽度取决于两个方面。

一方面，创新生态位宽度取决于企业家能够获得的创新资源及企业间的竞合关系。当创新环境中的创新资源减少时，企业家将吸收更多可替代的创新资源，以满足其在创新过程中对创新资源的需要，这使创新生态位宽度增加，即创新生态位"泛化"。反之，当创新环境中的创新资源丰富时，企业家将选择利用最具创新效率的资源，这使创新生态位宽度减少，即创新生态位"特化"。当创新环境中的创新资源不十分充足时，创新生态位泛化的创新主体将在竞争中优于生态位"特化"的创新主体。当创新资源十分丰富时，由于创新生态位"特化"的创新主体对某些特定创新资源具有特殊的适应能力，因此，"特化"创新主体的竞争性将优于"泛化"创新主体。

另一方面，创新生态位宽度取决于企业家的创新能力。每一个企业家都具有独特的个性特质，其思想境界、综合知识、创新思维、勇气等都存在个体性差异，这些差异使不同的企业家在面对相同的创新环境，甚至是在掌握相同的创新资源的条件下，却能够达到不同的创新水平。因此，在创新资源占有相同的情况下，能够准确识别市场机会，从其他创新主体和创新环境中获得异质性创新资源，并有效组合已拥有的创新资源，积极推进创新活动的企业家将占有更宽的创新生态位，而且这一创新生态位是企业家所特有的，是其他创新主体无法占有的。

3.2.2.3　创新生态位的重叠与竞争

生物学家发现，当自然界中的生物对食物或资源需求很接近时，彼此就会发生竞争，竞争既可在同一物种的个体生物间存在（种内竞争），也可在两个或多个不同物种间存在（种间竞争），竞争会降低生物个体间的适合度（表征种的属性的最适生态位点与表征其生境属性的现实资源值之间的贴近程度①），竞争的最终结果是竞争力弱的物种被取代甚至是灭绝。生物学将这种对资源需求相似的两个或多个物种相互抑制、无法长期共存的现象称为竞争排斥。竞争排斥的激烈程度取决于生物个体间或物种间生态位的重叠程度。因此，在自然界，共存于同一生态环境中的不同物种，其生态位之间必然存在差异性，即生态位分离。

生物个体或物种所占据的生态位并非是一成不变的，而是一个不断改进的过程。生物个体或物种之间会利用生态位分离来减少竞争，也就是说生物之间通过占有不同的时间、空间和资源来减少或消除彼此的竞争。演替中的生物群落为更好地适应生态环境而对自身的生态位进行不断地改进。

生态位原理同样适用于企业家创新生态位。当企业家与其他创新主体需要利用同种有限的创新资源时，如需要占有某一个相同的目标市场，或争夺某类研发人员时，就会发生生态位重叠。创新主体间的生态位重叠将导致竞争排斥作用。为降低竞争排斥作用，创新主体将调整资源占有需求，使创新生态位分离，以此共存于同一个创新环境中。

创新生态位重叠有以下几种情况：

（1）创新生态位完全重叠。

创新生态位完全重叠是指两个创新主体具有完全一致的创新生态位（如图3-4a 所示）。创新主体间为争夺创新资源必然发生激烈竞争，最终创新能力较强的一方将占有全部创新生态位，而另一方被排除在外。

（2）创新生态位内含。

创新生态位内含是指一个创新主体的创新生态位被另一个创新主体完全包围（如图 3-4b 所示）。创新主体的创新能力是竞争成败的关键。如果被包围

---

① Li Zizhen, Lin Hong. The niche-fitness model of crop population and its application [J]. Ecological Modelling, 1997, 104: 199-203.

者创新能力较强，它将占有其所需的全部创新生态位空间（即 B 部分），而包围者仅占有剩余的创新生态位空间（即 A − B 部分）；由于包围者仍然能够占有剩余创新生态位空间，因此，竞争并不会导致包围者创新活动的完全失败。如果包围者创新能力较强，它将占有全部创新生态位空间（即 A 部分），被包围者由于无法占有任何创新资源而最终创新失败。

（3）创新生态位部分重叠。

创新生态位部分重叠是指两创新主体的创新生态位空间有部分重叠（如图 3−4c 所示）。在这种情况下，每个创新主体都有一部分创新生态位是未重叠的，因此，两创新主体是可以共存的。重叠的创新生态位将被创新能力强的一方所占有，使其占有的创新资源更为丰富。

（4）创新生态位相邻。

创新生态位相邻是指两创新主体的创新生态位彼此相邻（如图 3−4d 所示）。由于创新生态位没有重叠部分，因此，不发生竞争，但这种情况很可能是二者回避竞争的结果或蕴含着潜在激烈竞争的可能性。

（5）创新生态位相离。

创新生态位相离是指两创新主体的创新生态位是完全分开的，没有任何重叠部分（如图 3−4e 所示）。两创新主体间各自占有完整的创新生态位，彼此不发生竞争。

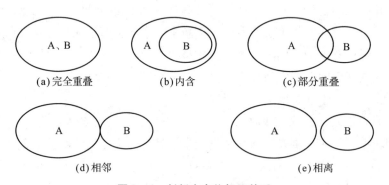

图 3−4　创新生态位相互关系

不同创新主体间的创新生态位重叠将引发竞争，在创新资源有限的情况下，生态位重叠程度越高，竞争可能就越激烈。目前我国市场竞争激烈，很多行业买方市场明显，且创新人才、创新资金等创新资源有限，在目前的创新环境中，两个或多个创新主体占据相同的生态位，必将引起激烈的竞争。为避免过度竞争，企业家可主动对企业的创新生态位进行调整，尽量与竞争者占据不同的创新生态位，以增强对创新环境的适合度。企业家对创新生态位的选择是对市场创新需求情况、能够获得的内外部创新资源、企业内部自主创新能力和消化吸收能力等因素进行多角度、全方位的衡量和决策的过程。

3.2.3 企业家创新生态系统的动力：选择

在企业家创新生态系统中，企业家占有一定的创新生态位，这是其创新活动得以展开与发展的土壤和条件，创新生态位描述了企业家在系统中的生存特性，包括所处的时空位置、对创新资源的占有和利用程度、在系统中的功能地位等。企业家通过调整自身创新生态位不断增强对创新环境的适应性，从而推动进化过程。借鉴达尔文的进化论，本书认为企业家对创新环境的适应受自然选择和自主选择的共同作用，因此，有必要对这两种选择力量的内在作用机理进行分析。

3.2.3.1 适应问题

根据进化生态学理论，物种进化是生态适应和进化适应共同作用的结果（如图 3 - 5 所示），前者是从生态的时间尺度研究生物的进化问题，后者是从进化的时间尺度进行研究。生物基因的形成是进化过程的历史积累，在生物的基因库中，并非所有的基因都是适合当前生态环境的，那些不能适应当前生态环境的基因甚至是有害的基因在种群中占有很低的比例，而当生态环境变为有利于这类基因时，这类基因则会快速扩散。适应现实环境的基因决定了生物对当前所处生态环境的现实适应能力，也就是生态适应。适应进化历程中环境的基因决定了生物在未来不确定性的生态环境的潜在适应能力，也就是进化适应。生态适应和进化适应共同决定着功能适应，共同推动进化过程。

在企业家创新生态系统中，企业家的创新水平取决于对当前创新环境的现实适应和对未来不确定性创新环境的潜在适应。企业家创新惯例与生物基因具有相似的作用，决定着企业家的创新行为特征。创新惯例是历史的积累，其中一部分能够适应当前创新环境的创新惯例，它们在企业家群体中占有较高的比例，而另一部分不能够适应当前环境的创新惯例则维持了较低的比例，当创新环境变为有利于这些创新惯例时，它们将得到迅速扩散。因此，企业家所采纳的创新惯例取决于外部创新环境的变化。企业家在对创新环境的不断适应过程中得到进化。

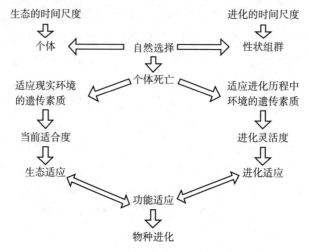

图 3 - 5　生态适应与进化适应

资料来源：王崇云．进化生态学 ［M］．北京：高等教育出版社，2008：15.

3.2.3.2　双重选择

根据达尔文的进化论及其他学者对达尔文进化论的拓展，物种进化是自然选择和选择自然双重选择的结果①。一方面，依据自然选择进化论，在自然生态系统中，自然环境对生物进化起着决定性的作用，自然环境中的光照、温度、水、土壤等因素构成对生物的选择，能够适应自然环境的生物才能生存和繁衍。另一方面，生物对环境的选择是进化的另一种推动力。多样性的自然环境不可能完全符合生物的生存需求，这就要求生物能够趋利避害，适应其所在的自然环境，这种趋利避害的能力就是生物对自然的选择性。由此可见，在自然生态系统中，自然选择和选择自然并存，选择的结果是优胜劣汰、适者生存，"适者"的繁衍使其携带的基因在种群中得以扩散，从而推动种群的进化过程。

借鉴进化论的相关原理和企业家创新生态系统的特征分析，在企业家创新生态系统中，企业家的创新活动可以看作是受到自然选择和自主选择的双重作用。一方面，创新环境中所蕴含的创新资源决定了企业家可能获得的资源，也就决定了企业家可能占有的创新生态位。同样的企业家在不同的创新生态系统中，由于创新环境的不同，其创新效果也不尽相同。创新环境对企业家创新的

① 刘永烈，刘永诺，刘永焰著．生物进化双向选择原理 ［M］．广州：广东科技出版社，2007：7－9.

影响可以称为"自然选择"。另一方面，我们看到，在相同的创新环境中，不同企业家个体的创新绩效是不同的，这是由企业家对创新环境的自主选择不同造成的。在企业家创新生态系统中，企业家在受到创新环境制约的同时，能够发挥主观能动性，在与其他创新主体的生存争斗中，利用对自己有益的创新环境，获得必要的创新资源，通过规避有害的创新环境，降低创新风险。企业家这种对创新环境的主动适应可以称为"自主选择"。企业家创新是这两种作用力共同作用的结果。

3.2.4　企业家创新生态系统的目标：进化

企业家创新生态系统具有与自然生态系统相似的进化过程，其实质是在企业家与其环境的相互作用下，促成了企业家与创新环境的共同进化，导致了创新生态系统由低级向高级的有序发展。创新生态系统可以分为创新主体和创新环境两大部分，企业家是创新生态系统中的功能单位，其创新活动需要从创新环境和其他创新主体中获得足够的创新资源，因此，企业家创新活动与进化受到创新环境和其他创新主体的制约。同时，企业家的创新活动也向创新环境输出新的创新资源，这推动了创新环境的进化。因此，企业家创新生态系统的进化过程就是企业家对创新环境的适应性不断提高的过程。也是企业家与创新环境协同进化的结果。更加优化的创新生态系统能够提供更加丰富的创新资源，将进一步推动企业家的创新行为，这就形成了一个良性循环。推进企业家创新生态系统不断由无序向有序发展，提高企业家对创新环境的适应性，确保企业家与创新环境的协同进化是企业家创新生态系统的发展目标。这一流程如图 3 - 6 所示。

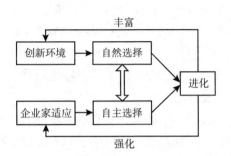

图 3 - 6　企业家创新生态系统进化模型

在创新生态系统中，创新主体和创新环境之间相互影响、相互作用。完善的创新环境对企业创新起到激励作用；反之，匮乏的创新环境则起到抑制创新的作用。企业家的创新行为是一个根据企业内外部创新环境而不断学习和调整的动态过程。在这一过程中，企业家是最具适应能力的群体，他们会根据企业内外部的不同环境进行自己的策略选择或调整。根据前文对企业家创新生态系统动力分析的结果可知，推动企业家和创新生态系统协同进化的动力应包括自然选择和自主选择两方面。

自然选择是指企业家所处的创新环境对企业创新的约束力和推动力。其动力源主要包括科技发明与进步、市场机制和政策法律环境三个方面。首先，科技发明与进步。科技发明与进步一方面为企业家带来新的创新思路和启发，推动企业家改变原有的创新惯例，如互联网的发明与应用使企业家开拓了新的网络购销模式；另一方面为企业家带来新的创新压力，新的科技发明将淘汰原有技术，这迫使企业家必须打破原有创新惯例，沿着新的技术轨道进行创新活动。其次，市场机制。市场需求是企业家创新活动的基本动力，企业家通过创新活动满足不断变化的市场需求，获得创新收益，进而维持企业生存与发展。企业家与其他创新主体的竞合关系决定了创新惯例的内容和频率，无论是竞争还是合作关系，为了能够维持和巩固创新种间的关系，企业家必须调整创新惯例以适应种间关系的需要。最后，政策法律环境。政府通过财税政策和法律法规等从企业外部形成创新推动力量，通过降低创新成本和风险来提高民营企业家主动改变创新惯例的积极性。

自主选择是指企业家根据创新环境的条件，发挥主观能动性改变和调整创新生态位，以增强对创新环境的适应性的过程。企业家对创新环境的主动适应主要体现在创新惯例的变异与遗传方面。创新惯例的变异可以分为创新惯例突变和创新惯例重组。创新惯例突变指创新过程的根本性改变，它与创新惯例重组的区别在于后者是将企业原有创新过程或环节的灵活运用，但并不产生新的惯例。企业家的大多数创新活动都是创新重组的结果，通过对已有创新惯例的灵活组合来适应新创新项目的需求。只有极少数的创新惯例为根本性改变，如首次组建跨部门创新团队、首次与科研机构合作创新等，从严格意义上说，这些创新惯例的改变才是企业家创新进化的根本动力。在创新生态系统中，为获得互补性创新资源，拓展创新生态位，具有创新精神的企业家能够主动改变已有创新惯例，用以增强对创新环境的适应性，而遗传则保留了这种适应性，使企业家能够将自主选择的结果在今后的创新活动中保持下去。

由此可见，企业家创新生态系统的进化过程是自然选择和自主选择双重作用的结果，创新环境所能提供的创新资源的丰富程度决定了企业家可能占有的创新生态位，只有丰富的创新资源才能满足企业家创新惯例变异的选择需求，是企业家创新生态系统进化的必要条件。企业家发挥主观能动性，根据创新环境的变化，通过创新惯例的变异和遗传主动调整自身创新生态位，增强对创新环境的适应性，这是推动企业家创新生态系统进化的主导力量。自然选择和自主选择共同决定了企业家创新生态系统的进化程度。

3.3　民营企业家创新生态系统的逻辑架构与构成要素

3.3.1　民营企业家的界定

从坎蒂隆最初将"企业家"的概念引入经济学，西方经济学家从资源配置、风险承担、创新职能等多种不同的角度对"企业家"的内涵和本质进行了研究。由于西方国家的企业大都属于民营企业，以上研究实际上刻画了西方民营企业家的形象。

在完全以市场为导向的西方发达国家，虽然也存在国有企业和非国有企业，但其经营主体都是按照市场规律进行运营，并不存在明显差别，因此，也就没有必要特别强调"民营"这种经济组织形式。"民营企业"是一个具有鲜明中国特色的词汇，由于特殊的时代特征，中国民营企业家的成长历程被深刻烙印上了中国经济体制改革和社会变迁的痕迹。他们从不被体制承认的个体工商户起步，在没有任何可借鉴的经验的条件下，凭借着对市场的敏锐嗅觉和顽强的生命力，不断发展壮大，探索出了一条具有中国特色的民营企业家成长之路，成为中国经济发展的探路者和实践者。中国民营企业家按照生成途径，可以分为草根型、改制型、管理型和知识型等，与国营企业家相比，具有其特殊性。

（1）民营企业家构成及其特点。

第一类民营企业家为草根型。这类民营企业家以农民企业家和个体工商户为主。农村生产力的提高促进了乡镇企业的产生和发展，一方面，农业生产效率的提高使部分农村剩余劳动力从土地中释放出来，成为最初的劳动要素；另一方面，农民收入的增加为乡镇企业提供了可能的投入资金来源。在乡镇企业的投入条件完全具备的情况下，产生了对民营企业家的需求，吴仁宝、鲁冠球等就是典型的第一批农民企业家的代表。在城镇中，改革开放初的饥渴型卖方市场催生了个体工商户，这些个体工商户为了解决温饱问题、追求物质利益，逐渐适应市场需求，不断发展壮大。由农民企业家和个体工商户构成的草根型民营企业家，其特点是受教育程度十分有限，并不具备经营企业所需的各种知识。但与国营企业家相比，具有更大的自由度，能够直接面向市场，满足市场需求。虽然他们还不能算是真正意义上的民营企业家，但已具备了面向市场独立核算、自负盈亏的企业家特征。

第二类民营企业家为改制型。这类民营企业家以党政干部、国企领导者和村干部为主。在我国产权制度改革和承包制的推动下，一部分来自政府机关的党政干部、原国有企业的厂长、书记等领导者，以及一些村干部借此契机，承包或改制企业，逐渐转型成为民营企业家。这类民营企业家具有较好的社会资源和经营经验，面向市场竞争并自负盈亏，具备自主经营意识，凭借个人经验和市场洞察力捕捉商业机会，富有冒险精神和坚韧不拔的意志力。相对于国营企业来说，民营企业家的经营手段更为灵活，更加注重生产效率的提高。

第三类民营企业家为管理型。这类民营企业家包括乡镇企业管理者、科研工作者及职业经理人等。其特点是通常受过良好的教育，具有开阔的视野，对市场机遇嗅觉敏锐。他们怀揣梦想，创建民营企业的动机除了改善物质生活外，还追求事业上的成就感。随着市场化程度和消费者需求的日益提高，民营企业家的获利模式从投机获利转向通过加强内部管理降低成本获利，加速科技成果转化为生产力的进程。具有现代管理意识的民营企业家规范企业内部管理，调整企业部门结构，明确员工内部职责，从而优化企业资源配置。这类民营企业家更具创新意识，通过购买国外的旧设备、聘请国企技术人员等方式开发新产品、改进生产流程以及开拓新市场，具备品牌意识，通过多元化投资抵御市场风险，并希望尽快摆脱政府的干预，成为真正意义上的市场主体。

第四类民营企业家为知识型。这类民营企业家以高级知识分子为主。随着中国"入世"和信息技术的迅猛发展，由归国的国外留学人员和硕士、博士等高学历的科技工作者构成了新一代的民营企业家。这类民营企业家的显著特点是大都具备较高的文化素质，掌握现代技术和管理经验，能够清楚地认识到自主创新对企业发展的重要性，并有能力将创新思想转化为创新产品，最终实现商业化。不断变化的外部环境塑造了新一代的民营企业家精神，他们具有全球化意识，能够理性判断市场走向，富有创新精神，成为中国经济转型的重要推动力。

（2）我国民营企业家的特殊性。

民营企业家个人素质参差不齐。从前文分析的我国民营企业家类型可以看出，除了"海归"和高级知识分子构成的民营企业家外，我国大部分民营企业家个人素质不高，经营管理能力有限①。而国营企业家的个人素质要普遍高于民营企业家，他们更了解中国体制的运行方式，但同时也存在着行政干部角色转换的困难。我国民营企业家在经历了残酷的市场竞争并取得成功后，容易陷入"自我膨胀"陷阱中。这些民营企业家通常依靠自身的经验、个人关系网络和拼搏精神在市场竞争中创出一番天地，并积累了一定的个人财富，之后他们开始自我膨胀，渐渐变得骄傲自大，盲目决策。反观国外企业家，较强的市场监管使其免于过度膨胀，经营决策也很少出现偏离市场方向的重大错误。这也表明国外企业家的个人素质明显高于国内民营企业家。

民营企业家市场适应性强，但企业科学管理能力较差。民营企业家自负盈亏，市场利润决定其生死存亡。因此，民营企业家比国营企业家更能捕捉市场信息，按照市场需求的变化及时调整企业方向，更具创新意识和创新动力。我国民营企业家一般为终身制，缺乏来自企业内部的约束力，企业运行状况几乎完全取决于民营企业家的个人能力，这与国外企业大都建立了良好的科学管理内部机制形成鲜明对比。

民营企业家外部环境存在诸多限制。国外企业家面对的是较为规范、公平的市场竞争环境，政府极少直接干预经济，这使得国外企业家不需要处理较为复杂的政企关系，能够在市场经济中发挥较好的主导作用。而我国民营企业家面临的外部环境，尤其是外部政策环境则复杂得多。目前，我国政府职能转变步伐缓慢，政治体制改革落后于经济体制改革。政府相关机构作为外部主体，直接或间接地控制着关键资源的分配，对国营企业倾斜力度大，而对民营企业则存在过多限制。这也成为民营企业家为求生存与发展，投入大量资源谋求政治地位的重要原因。

（3）民营企业家的内涵。

由前文可见，我国的民营企业是相对于国营企业而言的。广义上指所有非国有企业，狭义上指非公有制企业，包括个体私营企业和私人股份为主的企业②。本书中的"民营企业"指由我国内地公民投资设立或经营的、以营利为目的的经济组织。本书中的民营企业家是指以民营企业为载体，以企业获得经济效益和社会效益为目标，能合理组织和配置创新资源，实现创新与发展，并应对各种不确定性的能力个体。民营企业家应具备梦想宏伟、勇于创新、积极

---

① 余兴. 我国现代企业家成长问题研究 [D]. 福建师范大学，2011：61 - 62.

② 刘伟，李风圣. 产权范畴的理论分歧及其对我国改革的特殊意义 [J]. 经济研究，1997（01）：3 - 11.

进取、不畏挫折、协作进取等企业家精神和机会识别能力、市场预测能力、经营决策能力、风险控制能力、创新管理能力、协调沟通能力等综合素质。

3.3.2 民营企业家创新生态位分析

在民营企业家创新生态系统中，民营企业家所占有的创新生态位就是其所占有的多维资源空间。获得的创新资源越多，创新生态位就越宽，民营企业家的竞争性和适应性就越强。同时，民营企业家根据创新环境的变化，以及与其他创新主体的关系而不断调整创新生态位，以获得满足创新的最优生态位。民营企业家创新生态系统是复杂的、多因子相互作用的系统，其中，对民营企业家创新活动起主要作用的是人力资源、创新资金、信息知识和物质资源，它们构成了民营企业家的人力资源生态位、创新资金生态位、信息和知识生态位以及物质资源生态位。

（1）人力资源生态位。

人力资源生态位是指民营企业家所占有的各类创新人才。在民营企业家创新生态系统中，人力资源是一切知识和技能的载体，所有的创新活动都必须通过人力资源才能完成，人力资源的素质决定着创新活动的效率和成败。人力资源的投入包括智力资本的投入和劳动资本的投入，前者包括创新思想、知识、规划等，后者包括生产劳动、销售劳动等，二者往往紧密结合在一起。

按照人力资源对创新活动的贡献，可将人力资源分为一般员工、研发人员和组织领导者。组织领导者是创新活动各个环节的组织者、创新资源的协调者，是民营企业最稀缺的资源。研发人员掌握着最先进的知识和技能，是研发活动的决定力量。一般员工是所有创新活动的具体执行者，虽然不是创新成败的决定力量，但一般员工的素质也会对创新活动的效率产生重要影响。目前，我国民营企业对于创新人才，尤其是对高级研发人员和组织领导者的吸引力不足，除了大型民企外，高校毕业生和高端人才一般很少选择中小型民企就业，造成了人力资源生态位过窄。这使得民营企业家的创新活动难以为继，从而增加了民营企业家希望从政府获得关键性创新资源的动机。

人力资源的流动和循环是以劳动报酬为媒介的。可以从人力资源个体和民营企业两个角度进行分析。从人力资源个体角度分析，个体劳动者投入智力资本或劳动资本，以成本形式固化在创新产品中，创新产品卖出后获得创新收益，民营企业家将一部分创新收益以劳动报酬形式发给劳动力个体，维持劳动力个体的生存与发展，完成一个人力资源的循环过程。当人力资源再次投入创新活动中，则开始了下一个循环。无论对于某个民营企业而言，还是对于整个创新生态系统而言，人力资源的量都不是恒定不变的，劳动者会根据自己获得报酬的多少来决定是否增加、维持或减少人力资源供应量。从民营企业角度分析，人力资源的投入包括企业内部和企业外部两部分。企业内部人力资源投入指对企业内部员工支付劳动报酬和进行培训；企业外部人力资源投入包括与其他企业、高校、科研机构合作，共同培养人才，以获得符合本企业需要的稀缺性创新人才。与人力资源个体循环相似，人力资源投入以成本形式固化于创新产品，创新产品销售后获得创新收益。当民营企业家将一部分创新收益再次投入人力资源的获取过程时，则开启了下一轮循环。由人力资源的流动过程可以看出，决定人力资源是否愿意增加投入的因素在于是否能够得到恰当的报偿。这不仅需要民营企业家完善人才激励机制，提高对高端人才的吸引力，还需要挖掘内部员工的创新潜力，完善人才管理制度。

（2）创新资金生态位。

创新资金生态位是指民营企业家从不同渠道可以筹集或获得的创新资金。在民营企业家创新生态系统中，民营企业家为维持创新过程，需要持续投入创新资金。创新资金是民营企业家所需要的最基本的创新资源。大部分的创新环节如进行研发活动、购买固定资产、购买原材料、支付劳动力报酬、拓展创新产品市场等都需要资金投入，任何环节的资金链断裂都将导致创新活动的失败。而目前我国民营企业家创新资金生态位有限，融资难成了主要创新瓶颈。

民营企业家的创新资金来源于多个渠道。民营企业家一般会根据对创新活动的重视程度和企业的经营状况，从自身的企业盈余中拨出不同的比率作为创新资金投入。由于创新是高风险、高投入的活动，绝大多数民营企业家都不具备独立投资的实力，需要从创新环境中吸收外部创新资金，这些外部创新资金源包括金融机构融资、个人信贷、政府投资、风险投资等。由于大部分民营企业都是中小型企业，无法达到银行贷款条件，因此，民营企业家很难从银行得到创新资金；个人信贷和政府投资的资金量都十分有限，目前尚不足以支撑企业创新所需；风险投资一般资金量充足，不需要严苛的投资条件，但风险投资家只对那些可能会在未来获得高额回报的项目感兴趣，因此，要获得风险投资，民营企业家需要慎重选择创新项目。由此可见，民营企业家创新资金生态位十分有限，拓宽创新资金生态位一方面需要民营企业家从企业内外部多方拓展创新资金来源，另一方面需要政府对民营企业家创新活动进行多角度支持。

（3）信息和知识生态位。

信息和知识生态位是指民营企业家所拥有的所有有利于创新活动的信息和

知识。信息和知识是民营企业家进行创新活动的决定性资源，任何创新活动都归因于一定的信息或知识积累，民营企业家获得的信息及企业的内部知识存量决定着企业对创新环境的适应能力，也是取得未来创新竞争优势的关键因素。信息和知识存在一定的差别，信息泛指一切能够反映事物运行状态和方式的内容；知识是经过加工处理后的信息，是人们的经验总结。信息和知识可以被看作是一种公共产品，具有非竞争性的显著特点，某个创新主体对知识的使用并不妨碍其他创新主体对该知识的使用，这一特性与自然界的太阳能十分相似。

信息和知识的流动能够有效地提高创新效率，降低创新成本。如民营企业家与合作者之间的信息、知识共享能够弥补研发差距；与供应商和销售商的信息和知识共享能够及时反馈市场信息，加快创新产品的市场化进程。信息和知识在民营企业内部的流动过程如图 3-7 所示。民营企业家和企业员工从创新环境中以各种途径接收信息和知识，根据创新需要进行筛选，保留有价值的信息和知识，再对保留的信息和知识进行加工处理，使其转化成能够反复利用的、符合企业信息使用标准的自有信息和知识。这些新产出的信息和知识一部分被本企业存储并保护起来，成为核心创新知识；另一部分随着信息传递或人员流动等形式而流出企业，成为创新生态系统内的新信息和知识。

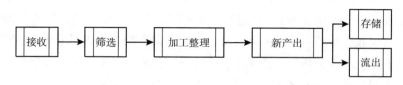

图 3-7　民营企业内部信息和知识流动过程

在民营企业家创新生态系统中，信息和知识可以分为三类，分别是市场类、技术类和宏观类。第一类，市场类信息和知识指关于市场需求和营销因素的各种信息，如消费者偏好、市场需求量、价格信息、替代产品等。现代化的通信设施，尤其是互联网的普及使民营企业家降低了信息获取成本，同时也增加了冗余信息筛选的难度。能否应用大数据挖掘有效创新信息成为民营企业家寻找创新机遇、突破研发难关和创新产品商业化的关键。第二类，技术类信息和知识包括科研成果、专利技术及各类显性知识和隐性知识。技术类信息和知识一部分是在民营企业内部通过对知识的加工再创造而得到的；一部分是从创新环境中，尤其是技术市场上获取的。因此，技术市场的活跃程度，以及对知识产权的保护程度是民营企业家能否获取充足的技术类信息和知识的关键。第三类，宏观类信息和知识包括系统内的政策方向、产业信息、区域文化、技术环境、自然气候等信息。其中，大部分的宏观类信息如区域文化、技术环境等都可以通过调研和信息共享得到；但是有一部分关键性创新信息，如政策方向、产业信息等掌握在政府机构手中，民营企业家通过其他渠道很难获取，而这部分信息往往又成为未来创新成败的关键因素，这也成为民营企业家"亲政府"而"远市场"的原因之一。

（4）物质资源生态位。

物质资源生态位是指民营企业家拥有或可利用的物质资源。物质资源是民营企业家进行创新活动，以及民营企业家创新生态系统正常运行的基础条件。创新生态系统中的创新物质资源主要包括各种基础设施，如公路、铁路、网络、电话、自然资源等；民营企业家掌握的创新物质资源主要指土地、科研设备、厂房等。创新物质资源的流动和循环过程与人力资源相似，也是随着产品价值的流动而完成循环过程。当企业使用系统内的基础设施时，需要支付一定的使用费，如运输费、电话费等；而企业内部的创新物质资源在买入后，会根据使用期限的不同，以折旧的方式计入创新产品成本中，然后在创新产品销售后获得回报。

民营企业家在创新过程中所用创新物质资源需要通过不同的渠道获得。具体可以分为三类：第一类物质资源能够在市场中自由流通，民营企业家可以在市场中较容易地购买到，如公路、铁路、网络、普通材料、零配件等，这类资源主要由创新环境中的基础设施决定；第二类物质资源较为稀缺，在市场中无法直接购买到，如尖端科研设备、创新产品所需的独特原材料或零配件等，这些资源需要通过与其他创新主体——如科研机构、供应商等合作才能取得；第三类物质资源掌握在政府手中，民营企业家既无法通过市场渠道获得，也无法通过与其他创新主体的合作关系获得，如土地、自然资源等，民营企业家需要与政府协商才有可能取得。

3.3.3　民营企业家创新生态系统的基本逻辑架构体系

民营企业家创新生态系统并非是创新主体与创新环境的简单聚集，而是民营企业家以自身创新生态位为基点，根据创新环境的特征与变化，发挥主观能动性，通过对创新资源的协调与整合而形成的具有一定结构和功能的整体系统。我国民营企业家的发展具有鲜明的时代烙印，在自身创新生态位的确立和调整过程中，对于创新环境的依赖程度更强，这更需要富有创新精神的民营企业家，利用现有的创新环境拓展自身创新生态位，以获得更为丰富的创新资源。

3.3.3.1 民营企业家创新生态系统的组成与整体架构

（1）民营企业家创新生态系统组成。

自然生态系统由生物和非生物两部分构成，生物部分又可分为生产者、消费者和分解者，非生物部分指包括太阳能、温度、湿度、空气、无机盐等在内的无机环境。无机环境是生态系统的生命支持系统，直接决定着生态系统的复杂程度和物种的多样性，生物在适应无机环境的同时也改变着无机环境，生物与非生物相互作用，共同构成了生态系统。

以创新生态位为逻辑基点，分析民营企业家创新所处的土壤和条件，及其在特定创新环境下的行为和作用，从而构建民营企业家创新生态系统的结构。与自然生态系统相类似的，民营企业家创新生态系统也可以分为生物和非生物两大部分，为与自然生态系统相区别，这里把民营企业家创新生态系统中的生物部分称为创新主体，非生物部分称为创新环境。

如图3－8所示，创新主体按照是否与民营企业家构成直接或间接的利益关系分为内部主体和外部主体。人力资源、创新资金、知识和信息、物质资源等创新资源的丰富程度是由创新支持系统，即创新环境决定的。GEM（全球创业观察）将创业环境分为金融支持、政府政策、政府项目支持、教育培训、研究开发转移、商业和专业基础设施、进入壁垒、有形基础设施、文化和社会规范九个方面，本书在此基础上，进一步将民营企业家创新支持系统归纳为要素市场环境、政策法律环境、教育文化环境、经济和基础设施环境四个创新生态因子。要素市场环境为民营企业家创新提供必要的创新要素，包括知识、研发人员、研发资金等；政策法律环境指国家政府对于民营企业家创新的政策和法律规范，政府对创新的支持力度和支持方向深刻影响着企业家的创新行为，相应法律法规，尤其是对知识产权的保护也是民营企业家选择创新策略的重要影响因素；教育文化环境决定着社会文化环境和劳动者的整体素质，崇尚开拓进取的文化氛围有利于培养民营企业家的创新精神，劳动者的整体文化素质决定着创新人才的丰富度和对创新成果的接受程度；经济和基础设施环境是创新活动的物质基础，在发达的市场经济环境中，人们的消费需求更为多样化和个性化，对创新项目也就拥有更强烈的需求，从而拉动以逐利为目的的企业家投入更多的资源进行创新活动，基础设施是民营企业家进行创新活动的基本硬件保障，公路、电话、互联网等基础设施对创新过程起到保障作用。

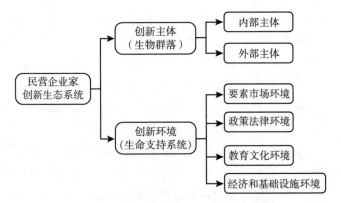

图 3-8 民营企业家创新生态系统组成图

（2）民营企业家创新生态系统结构。

民营企业家创新生态系统是由创新主体和创新支持系统所组成的，彼此通过资源流动而紧密联系的整体，其整体架构如图 3-9 所示。在内部主体间的相互关系中，民营企业与创新产业链中的上游供应商和下游销售商之间构成了

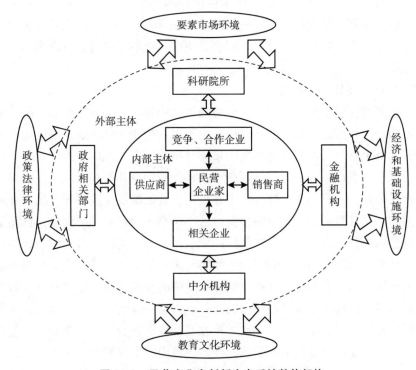

图 3-9 民营企业家创新生态系统整体架构

纵向联系，与竞争者、合作者及其他相关者构成了横向联系。外部主体主要包括科研院所（包括大学和各类科研机构）、金融机构、中介机构和政府相关部门等，他们为创新主体提供各类创新支持，但它们之间不一定存在产权关系或契约关系。创新环境可分为要素市场环境、政策法律环境、教育文化环境及经济和基础设施环境四部分，其资源丰富度和发展水平对民营企业家创新产生直接或间接的影响。民营企业家创新生态系统拥有多样化的创新群落和创新支持系统，他们之间按照市场运行规律，创新群落间及创新群落与创新支持系统间通过创新资源的流动和循环而彼此相互影响、相互依赖，共同推进创新生态系统的进化。需要强调的是，在复杂的民营企业家创新生态系统结构中，民营企业家是整个系统的核心和灵魂，民营企业家决定着创新的方向和内容，控制着创新的过程。

3.3.3.2 民营企业家创新生态系统的进化特征

在民营企业家创新生态系统中，每个创新主体都具有自己的创新生态位，创新生态位决定了其在系统中的地位、功能和资源占有。以创新生态位为逻辑基点，民营企业家与其他创新主体和创新环境形成了具有一定结构的整体系统。民营企业家在适应创新环境的同时也改变着创新环境，推进民营企业家创新生态系统的不断进化。民营企业家创新生态系统的进化特征可以归纳为以下几个方面。

（1）创新主体的多样性。

生物多样性是衡量生态系统生命力的重要指标。一个自然生态系统一般由多个不同的物种构成，同一物种又由多个不同的生物个体构成，不同物种和生物间，以及生物与环境间通过物质能量流动维持生态系统的功能和稳定。在民营企业家创新生态系统中，同样存在着多种创新种群和创新主体，包括民营企业、合作企业、竞争企业、政府、中介机构、科研院所、高校等。民营企业的创新活动，尤其是占民营企业绝大部分的中小型民营企业，受到自身创新资源的限制，从寻找创新灵感、组建创新团队、投入创新资源，直到创新成果的商业化，其全过程需要借助不同创新主体的资源和能力。民营企业家可与系统内其他多样化的创新主体建立联系，这样系统中的不同创新主体拥有的异质性创新资源越多，民营企业家可能获得的互补性创新资源就越多，就越能够弥补自身创新资源的不足。民营企业家通过吸收互补性创新资源而不断增强对创新环境的适合度，提高自身在不断变化的创新环境中的生存和发展能力。

（2）开放性。

民营企业家创新生态系统是一个开放的系统（如图 3 – 10 所示），不断与外界环境进行创新物质能量的交换，从系统外吸收人才、资金、知识等创新资源以及合作伙伴。民营企业家从外部环境中选择合适的合作伙伴，吸引其加入创新生态系统中，为系统输入创新所必需的物质能量。民营企业家选择的合作伙伴涉及多种类型，包括技术合作伙伴、业务咨询合作伙伴、渠道合作伙伴，等等。系统在不断吸收外界环境输入的物质能量的同时也向外界环境输出物质能量：一方面，那些不能适应和促进系统发展的创新主体将被排除在系统之外；另一方面，系统内的创新资源（如创新人才、创新资金、知识等）也可能向外流失。开放的民营企业家创新生态系统促进了创新要素间的交流，使系统内的创新要素始终处于流动状态，民营企业家从中吸收有益的创新资源，改善对创新环境的适应性，最终促进创新生态系统的可持续发展。

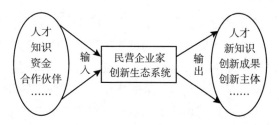

图 3 – 10　民营企业家创新生态系统的开放性

（3）动态演化性。

在民营企业家创新生态系统中，创新主体与创新环境之间不是静止不变的，而是处于不断的动态演化之中。民营企业家在实现创新目标的过程中，所处的经济环境、市场要素环境、政策法律环境、教育文化环境等外部创新环境不断发生变化，民营企业家必须不断调整创新生态位，占据更有利的创新资源，提高自身的创新能力，获得更具优势的创新生态位，以适应创新环境的变化，因此，民营企业家与其他创新主体及与创新环境间的交互作用始终处于动态演变的过程中。从民营企业家创新生态系统整体来看，该系统是不断发展和演化的。如当某创新项目取得了成功，不仅项目所属的创新生产者取得创新收益；同时，创新应用者及知识外溢惠及的其他创新主体都将由此获益，创新成功给创新生态系统带来了新的创新能量，这些新的能量以价值存量的形式存储于机器设备、固定资产、有价证券等之中，以知识存量的形式存储于人力资源之中，这些新能量丰富了创新环境中的创新资源，并成为下一轮创新的要素。

通过如此循环往复，系统中的创新能量和创新资源日益丰富，这会吸引更多的创新主体加入该系统，新加入系统的创新主体带来新的创新资源，使创新主体更具活力。在多种作用力的推动下，民营企业家创新生态系统不断进化、成熟。

（4）平衡性。

民营企业家创新生态系统在发展到一定阶段后，民营企业家与其他创新主体，以及与创新环境间通过创新物质能量的传递和循环，形成了彼此依赖、高度适应和协调一致的状态，称之为系统的平衡性。在此平衡状态下，创新主体数量、系统结构和功能、能量输入和输出等相对稳定，在受到外界干扰时仍能够保持和恢复原来的结构和功能。平衡性是民营企业家创新生态系统发展到一定阶段后的结构和状态趋势。在创新生态平衡状态下，系统内的创新资源流动顺畅，创新主体数量充足，能够抵御一定程度的外界干扰。

（5）协同进化性。

协同进化性是指在民营企业家创新生态系统中，民营企业家与其他创新主体和创新环境间相互适应和促进的共同进化过程。在当今越发激烈的竞争环境中，民营企业家已无法单纯依赖自身企业的创新力量取得创新成功，创新主体间的竞争更多地体现在整个创新价值链的竞争；而创新主体间的关系也更多地体现在以面向市场的商业化创新成果为目标，以创新生态位为基点，在系统中担当不同的功能和角色的互利共生关系。当某一个创新主体取得一定的创新成果时，就会对其相关的创新主体形成创新选择压力，迫使相关创新主体提升自身创新水平，以适应新的创新成果，即一个创新主体的进化推动了与其相关的其他创新主体的进化。接下来，相关主体的进化又会对其周围的其他相关主体产生选择压力，进而推动其进化。这种选择压力与适应的作用及反作用力不断往复，从而推动了整个创新生态系统的进化。

民营企业家的创新活动受创新环境的深刻影响，创新环境不仅向民营企业家提供创新资源；同时，民营企业家通过创新活动也向创新环境输出新的创新资源，使创新环境向着有利于其创新的方向进行改造，以此推动创新生态系统的进化。创新主体间及创新主体与创新环境间的协同进化使系统内的创新主体更为多样化，彼此具有更强的适应性，有利于增强系统的抵抗力和恢复力。

（6）自组织性。

所谓自组织性是指在没有外部指令的情况下，系统内的要素自发地由无序结构向有序结构发展的过程。民营企业家创新生态系统是一个远离平衡态的开放系统，民营企业家需要与外部创新环境不断进行物质、能量的交换，一方面从外部吸收技术创新所需的资金、人才、知识等资源，另一方面也向外部提供创新产品、服务、人才、专利技术等。为了适应外部创新环境的变化而不断进行调整，民营企业家与其他创新主体间形成竞争、合作等多种相互作用关系，其相互作用是非线性的；同时，技术创新投入要素与创新成果之间也并不存在简单的线性关系，即创新要素投入增加未必一定带来相应创新成果的增加。系统中的每个创新主体具有独立决策能力，决策过程除了考虑自身创新能力外，创新主体还会了解与其紧密相关的其他相关创新主体的情况而做出综合判断。每个创新主体所做的创新决策都只以自身创新利益最大化为目标，且决策是每个创新主体并行进行的，并不需要按照某个顺序来排列。创新主体的创新行为的总和决定了系统创新行为，在创新环境和创新惯例的约束下，整个企业家创新生态系统能够在原有基础上自行调整，不断演化，从而从无序走向有序，形成更高级的有序系统。

3.3.4 我国民营企业家创新生态系统的构成要素分析

根据民营企业家创新生态系统基本逻辑架构，可以进一步地对民营企业家创新生态系统的构成要素进行分析，具体分为创新主体和创新环境两大部分；创新主体部分包括民营企业家及其与其他创新主体的相互作用；创新环境包括要素市场环境、政策法律环境、教育文化环境及经济和基础设施环境四部分。

3.3.4.1 创新主体

3.3.4.1.1 民营企业家

在民营企业家创新生态系统中，民营企业家具有不可替代的作用，是民营企业创新活动的核心。民营企业家的主要职能就在于在充满不确定性的市场环境中，发现、识别甚至是创造市场机会，组织和协调企业内外部创新资源，以此创造价值并满足市场需求，这其中，民营企业家人力资本特性直接影响着创新绩效。

首先，民营企业家是创新机会的识别者。创新是从创新灵感中逐步加工构思而来的，这世界上总是充满着各种各样、千奇百怪的灵感，而真正的创新却寥寥无几。能够把灵感转变为创新，把一个想法推向商业化的黏合剂就是民营企业家，其起点就是民营企业家对于创新机会的识别。在民营企业家创新生态系统中，面对大量的信息，民营企业家需要依据自身的认知能力对信息进行识别、辨认、分析、判断等，从中挖掘有价值的创新思想，并将其转化为企业的盈利来源。

其次，民营企业家是创新蓝图的设计者。在民营企业中，能够对企业创新方向和创新内容进行决策的只能是民营企业家，这是任何其他企业员工都无法替代的位置。民营企业家依据自己的知识、经验、社会网络等个体资源对市场和本企业的情况做出判断，决定企业是否进行创新、进行哪种类型的创新、创新与成本控制之间的关系、创新的时机选择等。民营企业家规划企业创新方向、决定企业创新内容，并以独一无二的领导力在企业内部激励和传递创新蓝图。

再次，民营企业家是创新资源的配置者。创新是一项复杂的系统工程，需要投入知识、人才、资金、物力等多方面的资源，而这些资源往往存在于企业内部不同的部门，以及企业外部创新合作者和创新环境之中。民营企业家在研发投入之前，就要对企业创新活动所需的创新资源进行合理预测，规划创新资源的来源；在创新过程中，不断从科研院所、金融机构、合作者、竞争者、供应商等其他创新主体处获得互补性创新资源，同时在企业内部跨部门协调创新投入要素，合理配置创新资源；随着外部创新环境（如国家政策法规、经济运行情况等）的变化，调整创新资源的投入，降低创新成本，控制创新风险，提高创新效率。

最后，民营企业家是创新过程的控制者。在民营企业内部，民营企业家按照所描绘的创新蓝图建立组织架构，并设立相应的规章、制度，这些规章、制度一方面规定了企业员工在创新活动中的行为，另一方面也起到了激励企业员工创新积极性的作用。创新过程充满着各种风险，民营企业家要能够审时度势，调动企业内外部各种资源并应对风险，确保企业创新活动的顺利推进。如果把民营企业家的以上举措看作是对创新的显性控制的话，那么民营企业家对于创新的隐形控制则在于个人创新意识对企业员工的影响，以及由此建立的企业文化。民营企业家的风险偏好和创新意识会通过与企业其他人员的交流、通过其言谈举止、通过其决策方式等途径传递给企业的其他人员，这些信息虽然并没有以规范性文件的形式固定下来，却以隐性传递的方式深刻地影响着企业员工的思想和行为，由此影响着企业创新文化的确立。例如，一个勇于探索、积极创新的企业家会鼓励员工在企业规范的框架内提出新想法或辨识新机遇，激发员工的创造性和自我认同感，从而构建崇尚创新的企业文化氛围，令企业内的每一个人都明确企业的创新目标和自己在创新中的位置。上面提到的民营企业家对创新的显性控制和隐性控制共同构成了企业的创新惯例，创新惯例类似生物体内的基因，控制着企业创新行为与特点。

综上所述，在民营企业家创新生态系统中，民营企业家是创新活动的指挥者和实践者，从寻找创新灵感到控制创新风险，每一个创新步骤都离不开民营企业家的决策，民营企业的创新水平正是民营企业家创新意识和创新能力的体现，民营企业家是推动其所在的创新生态系统不断进化和发展的最终力量。

3.3.4.1.2　内部主体

民营企业家与其上游供应商、下游销售商等产业链上的相关企业构成了纵向关联，与其竞争者、合作者及其他相关企业构成了横向关联，纵向、横向关联共同构成了创新生态网（如图 3-11 所示）。

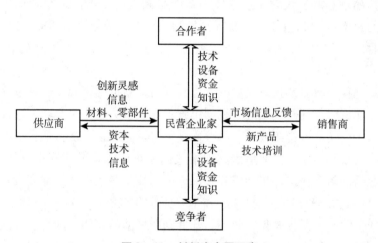

图 3-11　创新生态网示意

（1）供应商。

供应商是为民营企业提供原材料、零部件等的上游企业，民营企业与其供应商之间存在着紧密的合作关系。从创新活动的过程来看，在寻觅创新灵感阶段，创新能力强的供应商可能成为企业创新思想的来源；在创新产品研发阶段，供应商提供的零件的性能和质量很大程度上决定着创新产品的性能和质量；在创新产品试产阶段，创新能力强的供应商能够帮助改进新产品的设计方案；在技术推广阶段，供应商所提供的原材料、零部件成本的下降将进一步推动创新产品的市场化进程。供应商是民营企业家创新活动的有力支撑，能够为民营企业提供互补性资源；同时，供应商也能够从成功创新中获得稳定的利润，以支持其自身的创新活动，获得竞争优势。

（2）销售商。

销售商是民营企业创新产品是否能够商业化的关键环节，其作用主要体现在两个方面：一方面，销售商能够反馈市场和用户信息，民营企业通过与销售商的交流能够及时发现市场动向和用户需求变化，以此为依据调整研发计划，使研发产品与市场需求相一致；另一方面，销售商作为民营企业创新的下游企业将直接面向客户，提供售后服务和技术支持。创新产品尤其是突破性创新产品在应用过程中往往需要更多的技术支持或更多的解释说明，因此，销售商的售后服务和技术支持水平对销售额和用户满意度有着直接影响，从而对整个创新生态系统的竞争力产生重要影响。从销售商自身发展角度看，民营企业通过创新能够获得市场竞争优势，其销售商自然也能获得创新带来的超额利润；民营企业为使创新产品成功商业化，必然对其销售商进行必要的技术培训和指导，这将提高销售商的技术和服务水平，进而提升销售商自身的竞争力。

（3）合作者。

创新过程一般需要投入大量的人力、物力、财力等资源，研发过程往往周期长，伴随着巨大的开发风险。我国民营企业大都为中小型企业，内部研发力量有限，无论是从资源角度还是风险角度，民营企业都无法依赖自身能力独自完成所有的创新活动，需要借助其他相关创新主体的资源协调完成创新活动。民营企业的创新合作伙伴包括服务外包机构、技术联盟企业、配套设备生产商和服务提供商等。服务外包机构和技术联盟企业能够承担起一部分创新任务，起到创新资源互补、提高创新效率、降低创新风险的作用。配套设备生产商和服务提供商提供的产品和服务是创新产品商业化成功的关键影响因素，即使民营企业成功研发了创新产品，并能够满足客户需要，超越了竞争对手，也未必能够推向市场，这取决于合作伙伴的表现。只有当所有与创新产品相关的配套设备和服务都能够满足创新产品商业化的需求时，才能将创新产品成功地推向市场。

（4）竞争者。

在创新生态系统中，民营企业与其产业内部生产同一产品或替代产品的企业形成了竞争关系。竞争者与民营企业间的相互作用体现在竞争与合作两方面。由于竞争对手间最终产品和目标市场的相似性，必然存在激烈竞争，这不仅促使民营企业家积极投入创新以获得竞争优势，还促使不同的市场创新主体主动加入创新生态系统中，依靠系统内的互利共生关系形成系统整体竞争优势，在激烈的竞争中获得生存与发展空间。同时，过度竞争也将耗费创新环境所提供的有限的创新资源，增加创新风险，创新能力较为薄弱的民营企业除了要加强自身能力外，必须寻找合适的创新生态位，寻求合适的发展机遇。面对不断加大的市场压力，竞争对手之间也可以实现创新合作。竞争对手间一般都采取相似的技术生产相似的产品，对创新有着相似的诉求，通过整合多个企业的创新资源，实现创新资源互补，能够更有效地实现创新突破，满足市场需要，同时使合作的竞争者们共同获益。

3.3.4.1.3 外部主体

（1）政府。

政府是制度创新和环境建设的主体，主要通过创新政策的制定和实施来影响民营企业家的创新活动。政府对民营企业家创新活动的调节作用主要通过财政扶持和政策引导两种手段进行。财政扶持可以通过直接投资研发活动、给予创新活动税收优惠、重点扶持创新项目等方式进行。政策导向则更为灵活，通过构建完善的市场经济体制、打造公平竞争的市场环境，有助于确立民营企业家的市场主体地位，形成民营企业家创新的动力基础；通过统一技术标准、加强知识产权保护、规范技术市场运行等政策和制度的建设，有助于民营企业家拓宽创新资源获得渠道，提高创新效率。

在我国目前的经济环境下，民营企业家与政府官员间存在着千丝万缕的联系（如图 3 - 12 所示）。政府的决策和执行是靠具体的政府官员来实现的，而政府官员的行为是以个人利益为驱动的。政府官员掌握着资源配置的具体操作流程，尽管能做什么、不能做什么是由政策和制度决定的，但在具体操作中，二者的界限往往十分模糊，正是这种模糊性使政府官员有机会"寻租"，从民营企业的发展中获得各种个人利益。民营企业对于控制着市场准入和资源配置

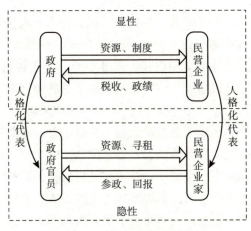

图 3 - 12 政企关系示意

权的政府依赖性很强，为获得发展空间，民营企业家一方面不得不向政府官员支付"租金"；另一方面，通过主动参政议政或与政府官员建立联系等方式获得企业创新需要的各种资源。民营企业家创新活动需要一系列法规制度——尤其是知识产权相关法规的保障，但由于法律不完善和政府能够干预法院审判的双重作用，民营企业家必然为了创新的顺利进行而调用一部分企业资源进行政府公关。

（2）科研院所。

科研院所主要包括大学和各类科研机构，它们是知识创新的主体。在创新生态系统中，科研院所扮演两方面的角色，其一是创新人才源，科研院所培养具有专业知识和技能的人才，并能够为民营企业家提供员工的在职培训，提高员工技术能力和综合素质，这为民营企业吸纳创新人才提供了重要来源；其二是知识源，科研院所直接进行各类研究，包括基础性研究和应用性研究，研究中产生的新知识、新技术具有显著的溢出效应，构成了民营企业可以获得的知识来源之一。这其中包括通过产、学、研的项目合作，帮助民营企业解决重大的技术问题；通过提供咨询为民营企业家解决在创新过程中遇到的技术或管理问题；通过转让科研成果使民营企业获得具有商业潜力的新产品和新技术等。我国民营企业家在创新过程中往往面临创新人力资源、创新资金、创新知识和信息生态位狭窄问题，通过与科研院所建立紧密联系，可以获得企业所需的创新人才，更可以利用科研院所的研究成果弥补自身研发力量的不足，获得有价值的创新知识和创新技术，从而拓宽民营企业家创新生态位。

（3）中介机构。

中介机构是创新服务提供者，是创新知识、技术、人才等创新资源在不同的创新主体间、创新主体与创新环境间交换的平台和桥梁。包括各类行业协会、企业家交流协会、技术交易机构、人才中介、企业咨询机构、评估机构、会计和法律等专业服务机构等。中介机构能够促进各种创新资源在不同创新主体间的流动和整合，对加速创新知识扩散和创新成果转化起到重要的推动作用。例如，行业协会的活动能够分享最新的市场信息、预期市场变化，传递各类创新知识；企业家交流协会能够促进企业家之间的交流，传递创新理念，交换创新思想，拓展企业家社会资本；技术交易机构提供了技术流动、扩散和成果转化的平台；人才中介是人力资源配置的主要方式，促进了创新人才在创新生态系统内的流动，不仅能为民营企业引进新的创新人才，而且能够通过各类培训提高民营企业管理者的技术、管理能力；企业咨询机构能够弥补民营企业家在创新过程中的知识匮乏，提供技术咨询、管理咨询等多方面服务；各类评估机构能够对创新过程中的技术成果、知识产权、软件测评等提供权威的评估，促进创新过程和创新成果的应用和扩散；会计、法律等专业服务机构为民营企业家提供创新过程中的财务、法律咨询等。

（4）金融机构。

金融机构是创新资金的重要提供者，包括各类银行金融机构、非银行金融机构和创投机构。金融机构主要为创新活动提供直接资金支持；非银行金融机构主要提供上市、债券、信托担保等融资服务，多角度解决创新资金筹集问题；创投机构能够利用其经验和知识帮助新创公司解决创新过程中的问题，促进其快速成长。对于大多数的民营企业来说都存在着创新资金不足的问题，寻求金融机构的资金投入是民营企业的重要出路。

3.3.4.2　创新环境

在自然生态系统中，非生物环境主要指无机物质、有机化合物和气候因素（温度、湿度、雨雪等），非生物成分是生物生存的基础。与此类似的，在民营企业家创新生态系统中，创新环境是民营企业家生存与发展的外部条件，只有适应创新环境的民营企业创新活动才能够生存和发展下去；同时，民营企业的创新活动也反作用于创新环境。具体地说，创新环境包括要素市场环境、政策法律环境、教育文化环境及经济和基础设施环境四部分。

（1）要素市场环境。

要素市场环境能够为民营企业创新活动提供必要的创新投入要素，包括创新人才、技术、财力等。创新人才是创新活动的执行者，从创新思想的产生、研发活动的全过程，到创新产品的商业化，每一个环节都需要创新人才，且创新人才的能力直接影响着创新活动的成败。创新人才环境的优劣可从密度、质量和流动性三方面来衡量。密度指创新环境中创新人才的充足程度，质量指创新人才的创新知识水平和创新能力水平，流动性指创新人才在不同创新主体间的流动频繁程度。技术环境是指某一区域内的科技发展水平，技术环境能够为民营企业家创新生态系统提供必要的知识技术和创新思想，一个科技发展水平较高的技术环境能够对民营企业家的知识积累和创新能力的培养起到促进作用；同时，也更有利于民营企业的创新产品与其配套设备和相关服务商之间形成技术匹配关系。财力资源环境包括直接金融投资，股票、债券等金融融资、政府专项资金和项目支持等。任何创新活动都需要大量的财力投入，并伴有高风险性。目前，我国民营企业融资难，创新融资就更难，在民营企业自身资金有限的情况下，良好的外部金融环境就成为民营企业获得创新资金、保证研发投入、维持持续创新的有力保障。

（2）政策法律环境。

国家相关部门对于民营企业家创新活动的相关政策法律对民营企业家的创新方向和创新过程都起到了引导和规范的作用，营造良好的政策法律环境无疑将促进民营企业家创新生态系统的进化发展。政府相关部门对民营企业家创新活动的政策支持体现在对民营企业创新产品的政府采购、对从事创新活动的民营企业的税收优惠、对创新活动的专项资金和直接拨款等上。政府相关部门对民营企业家创新活动的法律保护体现在完善知识产权法和科技服务法规体系上，以此增加恶性模仿成本、规范创新过程、营造公平竞争的法律环境、增强企业家创新动力等。应该注意的是，政府所制定的政策法规是政府进行宏观调控的具体手段，是在市场失灵的前提下对民营企业创新活动的干预，政府相关部门不应影响企业家作为市场主体的地位，这也正是我国目前创新生态系统中存在的问题。

（3）教育文化环境。

教育文化环境是指社会教育水平和文化价值观，是民营企业家创新生态系统中重要的外部创新环境。教育文化环境是长期积淀的结果，以明文规定或隐性制约等不同的方式深刻地影响着人们的行为和思想。在民营企业家创新生态系统中，外部教育文化环境的影响体现在以下几个方面：第一，它影响着民营企业家是否具有创新开拓的企业家精神，如更加推崇自主进取与创业的浙江社会文化对民营企业家创新精神起到正面的推动作用[①]。第二，它影响着民营企业内部员工的思维方式和价值取向，一个鼓励革新、宽容而善于协作的社会文化环境往往更有利于激励民营企业内部员工的创新动力，也更有利于民营企业与不同创新主体间的交流与合作。第三，它影响着人们的消费文化和对创新产品的接受程度，这直接决定了市场对创新产品的接受程度和需求情况。例如，教育程度较高的地区就要比教育资源匮乏的贫困山区更容易接受创新产品，尤其是高科技创新产品。教育文化环境的形成受到多种因素的影响，是一个长期积累的过程，为形成更适合创新的社会教育文化环境，需要政府部门的积极引导，以及不同创新主体的密切配合。

（4）经济和基础设施环境。

经济和基础设施环境是民营企业家创新的基础和前提。经济环境决定了人

---

① 吴向鹏，高波. 文化、企业家精神与经济增长——文献回顾与经验观察 [J]. 山西财经大学学报，2007（6）：74 - 80.

们的消费水平，而消费水平决定了人们对产品或服务的质量、性能、价格、外观等各方面的需求。在研发新项目前，需要对市场需求情况做详细地调查和预测，只有具备巨大潜在需求的技术或产品才有开发的价值，才可能带来创新收益。因此，发达的经济环境对创新活动具有更大的拉动力。基础设施环境为民营企业家创新活动提供了基础物质保障，主要包括交通运输、网络通信、邮电、电力水利等。这些环境因素对民营企业创新活动的每一个环节都产生直接或间接的影响，是创新活动得以顺利进行的基础性物质条件。

第 *4* 章

民营企业家创新生态系统的成熟度评价模型及其评价方法

通过对民营企业家创新生态系统的创新生态位和逻辑架构分析可以看出，创新生态位决定了民营企业家可以占有的资源总量以及在系统中的地位和功能，而民营企业家对创新生态位的占有取决于两方面的选择力量，即创新环境决定的自然选择和民营企业家自身决定的自主选择，在双重选择作用下，共同推动民营企业家创新生态系统的进化。这就需要构建一种模型，在反映双重选择作用的基础上对民营企业家创新生态系统的进化程度进行分析和评价。成熟度模型是对事物阶梯式发展过程进行评价的有效工具。因此，本研究将成熟度模型与创新生态系统理论相结合，构建企业家创新生态系统成熟度评价模型，并以此模型作为测度民营企业家创新生态系统运行状态的工具，有助于民营企业家和政府相关部门准确识别民营企业家创新的薄弱环节及营造良好的创新环境。

4.1 可行性分析

成熟度理论是对事物发展过程进行评估的一般性工具，通过划分成熟度等级、定义内部结构、描述关键过程域和关键实践等工作，对事物发展过程进行评估。成熟度评价模型将事物发展视为一个阶梯式的发展过程，通过评估和监控来评价当前过程所处的成熟度阶段，找出急需解决的问题，从而有针对性地改进发展过程。民营企业家创新生态系统的进化过程是在自然选择和自主选择双重作用下，民营企业家对创新生态位不断调整的过程，其进化过程与成熟度理论所倡导的"可持续改进"思想相吻合。

　　第一，过程一致性。民营企业家创新生态系统的进化是循序渐进的阶梯式发展过程。在民营企业家创新生态系统的进化过程中，创新主体数量逐渐增多，要素市场、基础设施、政策法规等创新环境逐步完善，人才、资金、知识等创新资源逐渐丰富，创新环境与不同创新主体间的流动性逐渐增强。民营企业家在创新环境的不断变化中，逐渐积累创新经验，通过不断调整确定最佳创新生态位，逐渐增强对创新环境的适应性，推进创新生态系统的进化。民营企业家创新生态系统循序渐进的可持续改进过程与成熟度思想是一致的。

　　第二，结构一致性。民营企业家创新生态系统可被分为若干等级。民营企业家创新生态系统在不同的发展阶段具有不同的特征，系统中的民营企业家创新精神和创新行为、创新环境的完善程度、创新环境中创新资源的丰富程度等都可以按照成熟度等级被明确地定义、描述和测量。系统创新等级的提高也代表着其不断进化的过程。

　　第三，目的一致性。民营企业家创新生态系统与成熟度理论具有相同的目的性。在民营企业家创新生态系统从无序到有序的进化过程中，民营企业家的创新精神、创新行为、创新资源的丰富程度、创新环境的支持度等多方面存在着不均衡发展，评价并识别民营企业家创新的短板，才能有步骤地推进创新生态系统的进化过程。

　　由此可见，民营企业家创新生态系统与成熟度理论具有相同的过程性、阶段性和目的性。应用成熟度评价模型能够对民营企业家创新生态系统进行适当的评价。

4.2　民营企业家创新生态系统成熟度评价模型的内涵

　　民营企业家创新生态系统成熟度评价模型（Entrepreneurs Innovation Ecosystem Maturity Evaluation Model，EIEMEM）构建了一个过程框架，用来辨识民营企业家所处的创新生态系统的进化程度，反映的是民营企业家创新生态系统从无序到有序的动态发展和完善过程。该模型为民营企业家创新生态系统提供了一个阶梯式进化框架，用于确定民营企业家创新生态系统所处的成熟度等级和关键因素的发展水平，指明了提升民营企业家创新生态系统进化水平所需完成的关键工作及各项关键工作的先后顺序，从而选择恰当的民营企业家创新能力提升策略，不断提高民营企业家创新生态系统的完整性和稳定性，促进民营企业家创新生态系统的不断进化和发展。

民营企业家创新生态系统的成熟度评价模型是具有一定维度和等级的评估框架，描述了该系统从无序到有序、逐渐成熟的过程。结合第 3 章研究范式和逻辑架构来确定民营企业家创新生态系统的关键因素和关键工作，选择有代表性的指标作为衡量关键工作的标准，划分民营企业家创新生态系统成熟度不断提升的五个等级阶段，构建民营企业家创新生态系统的成熟度评价模型。采用主成分分析法对指标赋权，计算单因素成熟度水平，按照一定的计算方法和逻辑规则将若干单因素合成为系统成熟度。通过模型评估单因素和系统成熟度等级，为各方认清目前所处状态，有针对性地采取措施提升成熟度水平指明方向。

4.3 民营企业家创新生态系统成熟度评价模型的关键因素

根据第 3 章对民营企业家创新生态系统研究范式和逻辑架构的分析可知，在民营企业家创新生态系统中，民营企业家占有一定的创新生态位，在自然选择和自主选择双重作用下不断调整创新生态位，增强对创新环境的适应性，使创新环境朝着有利于民营企业家创新的方向发展。这一过程也由此推动了民营企业家创新生态系统不断进化的过程。因此，对双重选择的作用力进行分析和评价，确定成熟度评价模型的关键因素，并选择有代表性的指标对关键因素进行衡量，是构建民营企业家创新生态系统成熟度评价模型的基础。

4.3.1 民营企业家创新生态系统进化的双重选择动力

通过第 3 章的分析可知，民营企业家创新生态系统的进化过程就是民营企业家改变创新惯例、不断提高对创新环境的适应性的过程。这一过程是双重选择动力共同推进的。根据这两种选择力可以定义民营企业家创新生态系统成熟度评价模型的关键因素。

（1）自主选择。

自主选择是指民营企业家能够充分发挥自己的主观能动性，根据创新环境的变化不断调整自身的创新生态位，通过创新惯例的变异和遗传，不断加强对创新环境的适应性。在既定的创新环境中，具有不同创新精神和创新能力的民营企业家所表现出的自主选择力也不同，具有较高自主选择力的民营企业家往往能够更为充分地利用有利的创新资源，规避不利因素，从而更为有效地推进进化过程。

　　根据第 3 章对民营企业家创新生态系统研究范式和框架结构的分析可知，民营企业家是创新活动的指挥者和实践者，一个只关注成本和销售额的民营企业家所制定的衡量标准只会使员工和合作者更低成本、更高效率地生产和销售，但并不会关注创新灵感以及企业的未来发展，最终将陷入固守陈规的泥潭。而一个关注创新的民营企业家将会通过改变衡量标准、营造企业创新文化、重组创新资源等活动引导企业的发展方向，并激励员工和合作者发挥建设性和创造性的作用。民营企业家作为创新主体，是民营企业创新行为的动力源，民营企业家所具备的企业家精神是创新生态系统的灵魂，决定着创新的演进趋势和成长方向[①]。创新的最大障碍不是技术或想法，而是"人"——处于领导地位的人，也就是企业家。一个富有创新精神的民营企业家应将创新看作是民营企业发展和取得竞争优势的必要手段，协调并充分利用企业内部和创新环境中的创新资源，对创新过程进行有效管理。因此，"自主选择"是民营企业家创新生态系统成熟度评价模型的第一个关键因素。

　　在创新生态系统中，民营企业家首先选择并确立自己的创新生态位，在自己所处的创新生态系统中获得有利的创新资源，提高对创新环境的适应性。这需要企业家具备三方面的能力，首先是民营企业家应具有创业精神，面对市场机遇，愿意成为创新主体，并承担相应风险和责任；其次是民营企业家应具备创新意识和创新精神，将创新视为企业获得竞争优势的重要手段，民营企业家的自我责任定位应从降低成本和提高效率转移为创新领导者，能够组织和协调企业内外部的创新资源投入创新活动中，因此，该项内容可以通过民营企业家的创新投入来衡量；最后是民营企业家应能够管理创新过程，并控制创新风险，该项内容可以通过民营企业家的创新产出来衡量。因此，"自主选择"这个关键因素中应包括创业精神、创新投入和创新产出三种生态因子。

　　（2）自然选择。

　　自然选择是指创新环境中蕴含的创新资源的丰富程度决定了民营企业家可能获得的创新生态位，创新资源越丰富，民营企业家获得人力资源、创新资金、知识和信息等的可能性就越大。因此，"自然选择"是民营企业家创新生态系统成熟度评价模型的第二个关键因素。

　　借鉴全球创新观察（Globe Entrepreneurship Monitor，GEM）度量指标，将

---

① 唐晓华. 管理创新与大企业竞争力 ［M］. 经济管理出版社，2012：193 - 196.

民营企业家创新生态系统成熟度评价模型中的"自然选择"分为要素市场环境、政策法律环境、教育文化环境、经济和基础设施环境四种生态因子。创新生态因子是企业家创新和发展的基础，创新生态因子中的所有要素都影响着民营企业家创新的效率甚至是成败。要素生态因子指知识、技术、人才和金融等创新要素的积累程度；政策法律生态因子反映政府对民营企业家创新的支持力度，是鼓励创新的有效手段；教育文化生态因子主要反映劳动者素质，是将创新思想变为现实的基础；经济和基础设施生态因子主要包括宏观经济环境和通信、道路等公共设施服务，是创新资源流动的硬件条件。

4.3.2　确定成熟度评价模型的关键因素评价指标的原则

民营企业家创新受到多方面因素的影响，是一个复杂的动态过程。需要建立科学系统的指标体系，来全面真实地反映自主选择和自然选择两个单因素的成熟度水平。所设置的评价指标应遵循以下原则：

（1）科学性原则。

指标体系必须能够真实、客观地反映民营企业家创新生态系统的特点和运行效率，反映自主选择和自然选择及其生态因子的发展水平。

（2）系统性原则。

民营企业家创新生态系统涉及创业精神、创新投入和创新产出等生物创新生态因子，以及要素市场、宏观经济、基础设施、教育文化水平、政府政策等非生物创新生态因子。系统性原则要求指标体系必须真实反映自主选择和自然选择两方面的特征，从而全面、系统地反映民营企业家创新生态系统的水平和能力。

（3）综合性原则。

在对民营企业家创新生态系统成熟度进行评价时，要从影响民营企业家创新生态系统的各方面选取有代表性的指标，优先选择那些综合性的指标。可适当舍去那些基本类似的指标，以减少总体指标数量，力求用精要的指标综合反映民营企业家创新生态系统成熟度水平。

（4）可操作性原则。

建立民营企业家创新生态系统成熟度评价指标体系的目的是要对民营企业家创新生态系统的成熟度和各关键因素成熟度进行定量化评价，这就需要指标体系在能够如实反映民营企业家创新生态系统运行状况的基础上，尽量采用易于采集的数据或经过简单计算可得的数据，同时要确保数据来源的可靠性。

（5）可比性原则。

各个指标之间应具有可比性，同一指标的计量口径和范围应保持一致，既能在不同区域的民营企业家创新生态系统之间进行比较，又能在不同时期的民营企业家创新生态系统间进行比较。

4.3.3　关键因素指标体系的构建

在借鉴国内外关于企业家创新的相关研究成果的基础上，根据以上民营企业家创新生态系统成熟度评价模型涉及的关键因素，将民营企业家创新生态系统的指标体系分为自主选择和自然选择两个方面，各自选取有代表性的指标对其进行评价。对于同一个指标可以从总量指标、相对指标和平均指标三个维度进行测量，由于总量指标受到区域经济规模的影响较大，不能体现"成熟度"的本质，因此，本书主要选取相对指标和平均指标进行测量。

4.3.3.1　自主选择

自主选择主要反映民营企业家创新精神和创新活动。考虑到民营企业家创新生态系统的特点和数据可得性，本书将自主选择进一步细分为创业精神生态因子、创新投入生态因子和创新产出生态因子三个二级指标，并将每个二级指标进一步分解，得到民营企业家自主选择的指标体系（如表 4－1 所示）。

表 4－1　　　　　　　　　　自主选择评价指标

二级指标	代码	指标名称	单位
创业精神生态因子	111	每万人拥有的私营企业数量	户/万人
	112	私营企业法人单位数量比率	%
	113	私营企业就业人员占比	%
创新投入生态因子	121	规上工业民营企业有研发活动的企业占比	%
	122	规上工业民营企业有研发机构的企业占比	%
	123	规上工业民营企业研发经费内部支出占主营业务收入比重	%
创新产出生态因子	131	规上工业民营企业有新产品销售的企业占比	%
	132	规上工业民营企业新产品开发销售收入占主营业务收入的比重	%

创业精神生态因子。由于民营企业家创业精神往往带有鲜明的主观特征，计量指标的选取较为困难。目前，主要测定企业家创业精神的指标有自我雇佣比率、所有权比率、企业的进入退出比率、小企业所占市场份额和市场参与创业人数等①。本书采取每万人拥有的私营企业数量、私营企业法人单位数量比率和私营企业就业人员占比三个指标对民营企业家的创业精神进行衡量。其中，每万人拥有的私营企业数量＝私营企业数量/人口数（万人）；私营企业法人单位数量比率＝私营企业法人单位数/企业法人单位数；私营企业就业人员占比＝私营企业就业人数/人口数。

创新投入生态因子。创新投入是指民营企业家为创新活动实际投入的创新资源。反映了民营企业家对创新活动的重视程度，是企业创新活动开展和维持的基本条件，是企业获得创新收益的前提条件。本书通过规上工业民营企业有研发活动的企业占比、规上工业民营企业有研发机构的企业占比和规上工业民营企业研发经费内部支出占主营业务收入比重三个指标来对民营企业家创新投入能力进行衡量。其中，规上工业民营企业有研发活动的企业占比＝规上工业民营企业有研发活动的企业数量/规上工业民营企业数量；规上工业民营企业有研发机构的企业占比＝规上工业民营企业有研发机构的企业数量/规上工业民营企业数量；规上工业民营企业研发经费内部支出占主营业务收入比重＝规上工业民营企业研发经费内部支出/规上工业民营企业主营业务收入。

创新产出生态因子。创新产出是指民营企业家经过创新努力而最终取得的成果。反映了民营企业家领导并管理企业创新活动，整合企业内外部的创新资源，从而最终获得的创新效益。本书通过规上工业民营企业有新产品销售的企业占比和规上工业民营企业新产品开发销售收入占主营业务收入的比重两个指标来对民营企业家创新产出能力进行衡量。其中，规上工业民营企业有新产品销售的企业占比＝规上工业民营企业有新产品销售的企业数量/规上工业民营企业数量；规上工业民营企业新产品开发销售收入占主营业务收入的比重＝规上工业民营企业新产品开发销售收入/规上工业民营企业主营业务收入。

4.3.3.2　自然选择

自然选择是指创新环境中的要素市场生态因子、政策生态因子、教育文化生态因子、经济和基础设施生态因子等对民营企业家创新的选择力量，能够适

---

① 李松辉，戚昌文，周祖德. 区域创新系统创新能力成熟度的测定方法研究 ［J］. 武汉理工大学学报（信息与管理工程版），2004（01）：103－105.

应创新环境的民营企业家才能生存和发展。自然选择具体评价指标如表4－2所示。

二级指标	代码	指标名称	单位
要素市场 生态因子	211	每万人国内有效专利数	件/万人
	212	每万人平均研究与试验发展（R&D）全时人员当量	人年/万人
	213	研究与试验发展（R&D）经费投入强度	%
政策法律 生态因子	221	民营企业使用来自政府部门的科技活动资金占主营业务收入的比重	%
	222	民营企业研究开发费用加计扣除减免税占主营业务收入的比重	%
	223	民营企业高新技术企业减免税占主营业务收入的比重	%
教育文化 生态因子	231	对教育的投资占 GDP 的比例	%
	232	6岁及6岁以上人口中受教育程度为大专以上所占的比例	%
	233	科技馆参观人数比率	%
经济和基础 设施生态因子	241	人均 GDP 水平	元/人
	242	第三产业增加值占 GDP 的比例	%
	243	互联网普及率	%

要素市场生态因子。要素市场生态因子主要用于衡量创新环境中蕴含的人才、技术、知识和金融资源等创新要素，是民营企业家可能获得的必要的外部创新资源。丰富的创新要素能够促进民营企业家创新活动顺利开展，而匮乏的创新要素环境则抑制民营企业家的创新活动。本书通过每万人国内有效专利数、每万人平均研究与试验发展（R&D）全时人员当量、研究与试验发展经费投入强度三个指标来对要素市场生态因子进行衡量。其中，每万人国内有效专利数＝国内有效专利数/人口数（万人）；每万人平均研究与试验发展全时人员当量＝研究与试验发展全时人员当量/人口数（万人）；研究与试验发展经费投入强度＝研究与试验发展经费/国内生产总值。

政策法律生态因子。政策法律生态因子用于衡量政府对民营企业家创新活动的相关激励政策的落实情况。在民营企业家创新生态系统中，由政府机构通过相关政策法律所营造的创新环境能够引导民营企业家的创新方向、丰富创新资源、提高创新效率，是创新活动最重要的外在推动力。本书通过民营企业使用来自政府部门的科技活动资金占主营业务收入的比重、民营企业研究开发费用加计扣除减免税占主营业务收入的比重、民营企业高新技术企业减免税占主营业务收入的比重三个指标对政策法律生态因子进行衡量。其中，民营企业使用来自政府部门的科技活动资金占主营业务收入的比重＝民营企业使用来自政府部门的科技活动资金/民营企业主营业务收入；民营企业研究开发费用加计扣除减免税占主营业务收入的比重＝民营企业研究开发费用加计扣除减免税/民营企业主营业务收入；民营企业高新技术企业减免税占主营业务收入的比重＝民营高新技术企业减免税/民营企业主营业务收入。

教育文化生态因子。教育文化生态因子反映了劳动者的整体素质。劳动者整体素质高，意味着创新人才丰富；同时，也意味着对创新成果的接受程度高。本书采用对教育的投资占 GDP 的比例、6 岁及 6 岁以上人口中受教育程度为大专以上所占的比例和科技馆参观人数比率来衡量教育文化环境。其中，对教育的投资占 GDP 的比例＝对教育的财政支出/地区经济总量（GDP）；6 岁及 6 岁以上人口中受教育程度为大专以上所占的比例＝受教育程度为大专以上的人数/6 岁及 6 岁以上人口数量；科技馆参观人数比率＝科技馆参观人数/人口数。

经济和基础设施生态因子。经济生态因子是创新的推动力，经济越发达，市场需求越大，对创新的拉动也就越大。本书用人均 GDP 水平度量商业环境发展水平，用第三产业增加值占 GDP 的比例度量产业结构的优化水平。基础设施生态因子是民营企业家进行创新的基本硬件保障，主要通过互联网普及率来反映。其中，人均 GDP 水平＝地区经济总量（GDP）/人口数；第三产业增加值占 GDP 的比例＝地区第三产业增加值/地区经济总量（GDP）；互联网普及率＝互联网上网人数/人口数。

4.4　民营企业家创新生态系统的成熟度等级

4.4.1　民营企业家创新生态系统的进化过程分析

民营企业家创新生态系统的进化过程是从无序到有序、循序渐进的过程。这一过程受自然选择和自主选择双重动力推动。自然选择决定了民营企业家可能获得的创新资源和能够占有的创新生态位。不同创新生态系统的创新环境中创新资源的丰富程度不同，其对民营企业家的自然选择动力也就不同。创新环境中蕴含的创新资源越丰富，对民营企业家创新生态系统的进化推动力就越强。

民营企业家的创新精神和创新能力决定了在既定的创新环境中，能否更灵活、有效地获得和组织创新资源，完成创新活动。在不同的创新生态系统中，由于民营企业家沿革历史和区域文化等因素的影响，其自主选择的能力存在明显差异。民营企业家具备的创新精神和创新能力越强，对民营企业家创新生态系统的进化推动力就越强。

民营企业家创新生态系统从无序到有序的进化是涉及多方面工作的、循序渐进的过程，这一过程包含两种选择推动力的多方面内容。这一进化过程可以简化为 5 个有限的成熟度等级，它们为测量民营企业家创新生态系统成熟度定义了一个有序的级别。

4.4.2　民营企业家创新生态系统的成熟度等级划分

借鉴成熟度理论的思想和模型，可将我国目前的民营企业家创新生态系统进化水平分为以下 5 个成熟度等级（见图 4 - 1），分别是初始级、基本级、规范级、优化级和协同进化级。在民营企业家创新生态系统的进化过程中，要根据其所处的成熟度等级，优先改进滞后的关键因素，在达成所有过程目标后，再向下一个更高级的成熟度发展。在实证分析中，成熟度等级是一个介于 [0, 1] 区间的连续数值。在我国目前成熟度水平最高的民营企业家创新生态系统中，民营企业家能够利用外部创新环境中的创新资源，及时调整创新生态位，不断改进创新过程，将创新活动视为企业家自身最重要的本质工作。外部创新环境中创新资源丰富，人才、资金、知识和技术等在区域中有效集聚，借助于现代通信技术，各种创新资源流动频繁，企业家通过产业集聚等方式完成协同创新。因此，可以认为已经达到了协同进化级。同时，在我国成熟度水平最低的区域，虽然已经具有一定数量的民营企业家，各类创新环境具有一定的基础，但发展水平十分有限。民营企业家虽然能够认识到创新对企业发展的重要性，但创新只是企业的偶发活动，在企业有限的资源中，只有很少一部分投入到创新活动中。我国个别地区社会科技水平低，经济落后，产业结构不合理，交通、通讯环境落后，尚不能满足民营企业家创新的需要。因此，将我国目前的民营企业家创新生态系统成熟度水平最低的区域成熟度设为 0.2，即初始级。将我国目前的民营企业家创新生态系统按照5个成熟度等级进行划分：初始级成熟度为0~0.2，基本级成熟度为0.2~0.4，规范级成熟度为0.4~0.6，优化级成熟度为0.6~0.8，协同进化级成熟度为0.8~1。

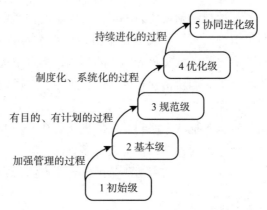

图4-1　民营企业家创新生态系统成熟度等级

第1级：初始级。

在初始级上，民营企业家创新是零散的、自发的、混乱的过程。民营企业家缺乏创新意识，在企业内部没有专门的研发部门，研发投入资源极少甚至没有，缺乏对创新的管理。没有明确的创新目标，偶尔的创新一般来自于民营企业家或少数人的个人活动，创新的成功完全依赖于个人或某个团队的知识和能力。企业的经济效益很少或从不来自于创新活动。创新环境中的人才、技术、资金等创新资源稀少，政府很少甚至几乎不对民营企业家创新活动提供税收优惠和财政支持，社会科技文化水平低，经济落后，产业结构不合理，交通、通讯环境落后，不能满足创新要素流动的需要。

第2级：基本级。

在基本级上，民营企业家开始认识到创新的重要性，将创新作为提高利润的方式之一。设立独立的研发部门，组建研发团队，为研发部门提供必要的创新资源以保障创新项目的顺利进行，但创新活动仅限于研发部门或研发团队，很少进行跨团队或跨部门协作。建立创新项目，明确创新目标，对创新项目进行初步管理。创新活动能够为企业带来一小部分收益。创新环境中的创新资源得到一定开发，发明专利、研发人员及经费投入等逐渐增多。政府开始通过税收优惠或资金支持等多种方式鼓励民营企业家的创新活动，但扶持力度有限。社会科技文化水平逐步提高，经济平稳发展，产业结构调整，交通、通信环境发展良好，为创新活动的开展提供了基础保障。

第3级：规范级。

在规范级上，民营企业家开始有目的、有计划地开展创新活动。民营企业家认识到创新是企业获得利润和持续发展的最重要推动力，加大研发投入力度，协调企业的创新资源在不同部门和不同研发团队间流动，制定创新管理过程，完善创新管理规范，使创新活动制度化、规范化进行。创新环境中的技术和知识资源逐渐丰富，研发人员、资金投入增加。政府加强制定并落实民营企业家创新活动的相关政策法律，社会科技文化水平、经济发展、交通电信等基础设施得到较好发展，能够支持民营企业家的创新活动及创新资源的流动。

第4级：优化级。

在优化级上，民营企业家将创新活动规范化、制度化，积累企业创新惯例。民营企业家将创新视为企业的日常工作，能够从企业内外部更为敏锐地捕捉到创新灵感，加大对创新活动的投入，创新是企业获得竞争优势和利润的主要手段。创新环境中积累了较为丰富的人才、技术、资金、知识等创新要素，为民营企业家从企业外部获得必要的互补性创新资源提供基础。政府部门加快完善相关政策法规，激励民营企业家有效创新。宏观经济快速稳定发展，教育文化事业蒸蒸日上，基础设施建设逐渐完备，能够完全支持创新活动。

第5级：协同进化级。

在协同进化级上，民营企业家逐渐完善创新流程，灵活开展创新活动，通过协同创新不断提高创新水平。民营企业家真正将创新视为其工作的本质与核心，在创新活动的既定制度框架下，总结成功和失败的经验，不断对创新过程进行改进和完善，以适应企业内外部创新环境的不断变化，使创新能力持续提高。创新环境中创新资源十分丰富，民营企业家能够利用并协调企业内部、其他创新组织和创新环境中的各种创新资源共同完成创新活动，系统内创新资源流动频繁，协同创新成为最主要的创新方式。

4.5　民营企业家创新生态系统成熟度评价模型

由以上分析可以看出，民营企业家创新生态系统由自主选择和自然选择两个关键因素构成，按照其进化水平可以分为初始级、基本级、规范级、优化级和协同进化级5个等级。其结构如图4-2所示。

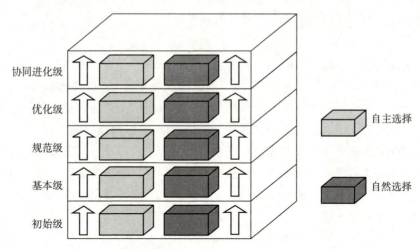

图 4 - 2　民营企业家创新生态系统成熟度评价模型结构

　　在所有成熟度等级中（除第 1 级外），都包括这两个关键因素及相关的关键工作。不同的成熟度等级对关键因素和关键工作的要求不同，随着成熟度等级的提升，关键因素的关键工作从无到有，逐步完善。民营企业家创新生态系统的关键因素及其关键工作包括内容如表 4 - 3 所示。

表 4 - 3　我国民营企业家创新生态系统成熟度等级的关键因素和关键工作

成熟度 等级	关键因素和关键工作	
	自主选择	自然选择
初始级	—	—
基本级	民营企业家开始认识到创新的重要性，将创新作为提高利润的方式之一。开始着手设立独立的研发部门，组建研发团队。创新活动能够为企业带来一小部分收益	创新资源得到一定开发，发明专利、研发人员及经费投入等渐渐增多。政府开始通过税收优惠或资金支持等多种方式鼓励民营企业家的创新活动，但扶持力度有限。社会科技文化水平逐步提高，经济平稳发展，产业结构调整，交通、通讯环境逐步发展
规范级	民营企业家认识到创新是企业获得利润和持续发展的最重要推动力，加大研发投入力度，协调企业的创新资源在不同部门和不同研发团队间流动，使创新活动规范化进行	创新环境中技术和知识资源逐渐丰富，研发人员、资金投入增加。政府加强制定并落实相关政策法律激励创新，社会科技文化水平、经济发展、交通电信等基础设施得到较好发展，能够支持创新资源的流动

续表

成熟度等级	关键因素和关键工作	
	自主选择	自然选择
优化级	民营企业家将创新视为企业的日常工作，能够从企业内外部更为敏锐地捕捉到创新灵感，加大对创新活动的投入，创新是企业获得竞争优势和利润的主要手段	创新环境中积累了较为丰富的人才、技术、资金、知识等创新要素，为民营企业家从企业外部获得必要的互补性创新资源提供基础。政府部门加快完善相关政策法规，激励民营企业家有效创新。宏观经济快速稳定发展，教育文化事业蒸蒸日上，基础设施建设逐渐完备，能够完全支持创新活动
协同进化级	民营企业家真正将创新视为其工作的本质和核心，能够总结成功和失败的经验，不断对创新过程进行改进和完善，以适应企业内外部创新环境的不断变化，使创新能力持续提高	创新环境中创新资源十分丰富，民营企业家能够利用并协调企业内部、其他创新组织和创新环境中的各种创新资源共同完成创新活动，系统内创新资源流动频繁，协同创新成为最主要的创新方式

　　每个关键因素所包含的关键工作都就可以通过表 4 - 1 和表 4 - 2 中的指标来衡量，选择合理的评估方法可评价自主选择和自然选择两个单因素的成熟度水平，根据一定的合成方法可进一步评价系统的成熟度水平。

4.6　民营企业家创新生态系统的成熟度评价方法

　　为评价本书提出的民营企业家创新生态系统的成熟度水平，需要采取科学合理的评价方法，测算自主选择和自然选择两个单因素，进一步地采取某种合成方法通过单因素成熟度测算系统成熟度。民营企业家创新生态系统涉及多个关键因素和关键工作，每个方面都需要通过多个指标从不同角度进行评价。同一内容的不同评价指标往往存在一定的相关性，这就需要在选择评价方法时避免相同影响因素的重复计算，从而客观反映问题的本质。在众多的成熟度评价方法中，主成分分析法能够较好地满足企业家创新生态系统的评价要求，为准确计算系统的成熟度水平奠定基础。

4.6.1　主成分分析法概述

　　在实际研究中，为了更全面、更准确地反映事物的特征，常常需要用多个指标从不同侧面反映某些信息。这些指标之间往往存在一定的相关性，使得数据反映的信息发生重叠，过多的指标和数据也增加了问题分析的复杂性。为了解决这个问题，霍特林（Hotelling）于 1933 年提出了主成分分析法（principal component analysis，PCA）。它通过投影的方法，在损失较少信息的基础上，通过线性变换把原有指标转换为几个彼此不相关的综合指标。这种方法使用较少的指标尽可能多地反映原有指标的信息，反映了数据降维的思想。

4.6.1.1 主成分分析法的思想

假设实际研究问题包含 p 个指标，把这 p 个指标看作是 p 个随机变量，记为 $X = (X_1, X_2, \cdots, X_p)'$。设 X 的均值为 u，协方差矩阵为 $\sum$，对 X 进行线性变换得到合成随机变量 $Y = (Y_1, Y_2, \cdots, Y_p)'$，即：

$$\begin{cases} Y_1 = a_{11}X_1 + a_{21}X_2 + \cdots + a_{p1}X_p = a_1'X \\ Y_2 = a_{12}X_1 + a_{22}X_2 + \cdots + a_{p2}X_p = a_2'X \\ \vdots \\ Y_p = a_{1p}X_1 + a_{2p}X_2 + \cdots + a_{pp}X_p = a_p'X \end{cases} \quad (4-1)$$

设 $a_i = (a_{i1}, a_{i2}, \cdots, a_{ip})'$，$A = (a_1, a_2, \cdots, a_p)'$，则有：

$$Y = AX, \ i = 1, 2, \cdots, p \quad (4-2)$$

且：

$$var(Y_i) = a_i' \sum a_i, \ i = 1, 2, \cdots, p \quad (4-3)$$

$$cov(Y_i, Y_j) = a_i' \sum a_j, \ i = 1, 2, \cdots, p \quad (4-4)$$

用线性变换后的 Y_i 来代替 p 个原始变量，要求 Y_i 尽可能多地反映 p 个原始变量的信息。这里的"信息"用方差来度量，也就是 $var(Y_i)$ 越大越好；而由 （4-1） 式和 （4-4） 式可以看出，将系数变量 a_i 扩大任意倍数会使 $var(Y_i) \to \infty$，因此，必须对 a_i 进行限制，常用的方法是使 a_i 为单位长度的系数向量，即 $a_i'a_i = 1$。

综上，若 （4-1） 式满足如下约束：

（1） $a_i'a_i = 1$，即 $a_{i1}^2 + a_{i2}^2 + \cdots + a_{ip}^2 = 1$，$i = 1, 2, \cdots, p$。

（2） Y_i 与 Y_j （i≠j；i，j=1，2，…，p） 不相关。

（3） Y_1 是 $X(X_1, X_2, \cdots, X_p)$ 的一切线性组合中方差最大者；Y_2 是与 Y_1 不相关的 $X(X_1, X_2, \cdots, X_p)$ 的一切线性组合中方差最大者；Y_p 是与 $Y_1, Y_2, \cdots, Y_{p-1}$ 不相关的 $X(X_1, X_2, \cdots, X_p)$ 的一切线性组合中方差最大者。

满足以上约束的 Y_1，Y_2，$\cdots$，Y_p 分别称为第一主成分，第二主成分……第 p 主成分。各主成分的方差依次递减，即重要性依次递减。

4.6.1.2　主成分分析法的求解

求主成分就是在约束 $a'_i a_i = 1$ 条件下，求 X 的线性函数 $Y = AX$，使其方差最大，即使 $\mathrm{var}(Y_i) = a'_i \sum a_i$，$(i = 1，2，\cdots，p)$ 最大。由条件极值的拉格朗日乘数法，即求 $\varphi = \mathrm{var}(Y) = A' \sum A - \lambda(A'A - 1)$ 最大即可。

令：

$$\frac{\partial \varphi}{\partial A} = 2\sum A - 2\lambda A = 0 \qquad (4-5)$$

即：

$$\left(\sum - \lambda I\right)A = 0 \qquad (4-6)$$

若使（4-6）式有非零解，则 $\left|\sum - \lambda I\right| = 0$，解得 $\sum$ 的特征值 λ_1，λ_2，$\cdots$，λ_p。

设 $\lambda = \lambda_i$ 为 $\sum$ 的一个特征值，由 $(\sum - \lambda_i I)A = 0$，可得非零解 $A = a_i$，则 a_i 是 $\sum$ 对应与特征值 $\lambda = \lambda_i$ 的单位特征向量。

设 $\sum$ 的特征值 $\lambda_1 \geqslant \lambda_2 \geqslant \cdots \geqslant \lambda_p \geqslant 0$，则对应的特征向量依次为 a_1，a_2，$\cdots$，a_p 则：

$$\sum a_i = \lambda_i a_i \qquad (4-7)$$

两端同乘 a'_i，有：

$$a'_i \sum a_i = a'_i \lambda_i a_i \qquad (4-8)$$

又由 $a'_i a_i = 1$，有：

$$a'_i \sum a_i = \lambda_i a'_i a_i = \lambda_i = \mathrm{vat}(Y_i) \quad i = 1，2，\cdots，p \qquad (4-9)$$

因此，$Y_1 = a'_1 X$ 有最大方差，称为第一主成分；$Y_2 = a'_2 X$ 有第二大方差，称为第二主成分，以此类推。

在解决实际问题时，我们需要使用较少的主成分尽可能多地反映原有指标的方差，因此，通常并不需要提取 p 个主成分，而只提取前 $k(k \leqslant p)$ 个主成分。但到底 k 取多少比较合适呢？这可通过对现实问题综合考量、特征值的大小、样本总方差等进行判断，需要计算主成分的方差贡献率和累计方差贡献率。

所谓第 i 个主成分的方差贡献率，是指第 i 个主成分的方差在全部方差中所占的比重 $\dfrac{var(Y_i)}{\sum\limits_{i=1}^{p} Y_i}$（即 $\dfrac{\lambda_i}{\sum\limits_{i=1}^{p} \lambda_i}$）。这个比重越大，表示第 i 个主成分综合原始信息的能力越强。而前 k 个主成分的累计方差贡献率是指这前 k 个主成分 Y_1，Y_2，…，Y_k 的方差在全部方差中占的比重 $\dfrac{\sum\limits_{i=1}^{k} var(Y_i)}{\sum\limits_{i=1}^{p} var(Y_i)}$（即 $\dfrac{\sum\limits_{i=1}^{k} \lambda_i}{\sum\limits_{i=1}^{p} \lambda_i}$）。

一般地，取 k 使得累计方差贡献率为 70% ~ 85% 以上为宜，它们已经代表了绝大部分信息。

4.6.1.3　主成分分析法的计算步骤

（1）收集样本数据资料。

有 n 个样品，每个样品有 p 个指标，样品数据矩阵为：

$$X = \begin{pmatrix} x_{11} & \cdots & x_{1p} \\ \vdots & \ddots & \vdots \\ x_{n1} & \cdots & x_{np} \end{pmatrix} \tag{4-10}$$

（2）判断原始指标是否适合做主成分分析，可通过 KMO 和 Bartlett 检验进行判断。

（3）数据标准化。

原始指标由于量纲的不同很可能带来不合理的影响，对原始数据进行标准化，就是消除量纲不同带来的不合理影响。数据标准化可根据样本协方差矩阵求得。

样本协方差矩阵为：

$$S = \frac{1}{n-1} \sum_{k=1}^{n} (x_{ki} - \bar{x}_i)(x_{kj} - \bar{x}_j) = (s_{ij})_{p \times p}$$

$$i, j = 1, 2, \cdots, p \tag{4-11}$$

其中，

$$\bar{x} = (\bar{x}_1, \bar{x}_2, \cdots, \bar{x}_p); \quad \bar{x}_j = \frac{1}{n} \sum_{i=1}^{n} X_{ij} \quad j = 1, 2, \cdots, p \tag{4-12}$$

则标准化公式为：

$$x'_{ki} = \frac{x_{ki} - \bar{x}_j}{s_{ii}} \quad (i = 1, 2, \cdots, p; k = 1, 2, \cdots, n) \tag{4-13}$$

（4）对标准化的数据求协方差矩阵或相关系数矩阵。

协方差矩阵为：

$$\sum = \left[s_{ij} \right]_{p \times p} \tag{4-14}$$

相关系数矩阵为：

$$R = \left[r_{ij} \right]_{p \times p} ;$$

$$r_{ij} = \frac{s_{ij}}{\sqrt{s_{ii}}\sqrt{s_{jj}}} \quad i, j = 1, 2, \cdots, p \tag{4-15}$$

（5）求协方差矩阵或相关系数矩阵的特征值和相对应的特征向量，按照 λ_i 的大小排序（$i = 1, 2, \cdots, p$）。

（6）确定主成分个数。

主成分个数的确定一般有以下几种方法：

方法一是依据主成分的累计贡献率法，累计贡献率越大，表示综合信息的能力越强。一般取前 k 个主成分累计贡献率达 85% 以上是比较合适的。这表示前 k 个主成分反映了 85% 以上的原始信息，漏掉了少部分的信息。

方法二是 Kaiser 法。这种方法是 Kaiser 于 1959 年提出的，依据特征值来选取主成分。这种方法适合从相关系数矩阵求主成分，由于特征值与主成分的方差相等，因此，特征值代表着主成分的影响力。一般选取特征值大于等于 1 时对应的主成分个数。

方法三是碎石图法（Scree test），也称谓陡坡检验法。这是一种以绘图方式确定主成分个数的方法。碎石图输出了特征值从大到小的点线图，可根据碎石图的拐点确定主成分的个数，该拐点以上的特征值可以作为主成分被保留下来。但这种方法在特征值均匀下降的情况下将会失效。

方法四是综合判断。当主成分个数较多时，可以综合累计贡献率、特征值和碎石图综合考量，确定主成分的个数。

（7）计算主成分的取值。

写出主成分的表达式：

$$Y_i = a_i' X = a_{i1} X_1 + a_{i2} X_2 + \cdots + a_{ip} X_p \quad i = 1, 2, \cdots, k \tag{4-16}$$

将样本原始数据带入主成分表达式，可得到每个样本前 k 个主成分的得分。

4.6.2　单因素成熟度评判方法

评判自主选择和自然选择的单因素成熟度，采用主成分分析法，主要评判步骤如下：

（1）原始数据标准化处理。

在度量民营企业家创新生态系统的指标体系中，存在多方面的不同量纲的指标。因此，在数据分析之前，需要将这些指标进行标准化处理，以消除不同量纲的影响，使数据存在可比性。

（2）确定主成分个数和累计贡献率。

用标准化后的原始数据计算样本相关关系矩阵，并计算特征值和相对应的特征向量，按照 λ_i 的大小排序（i=1，2，…，p）。计算累计贡献率，综合判断选取主成分的个数。

（3）确定指标权重。

利用主成分及其累计贡献率计算指标权重。根据式（4-16），在民营企业家创新生态系统的指标体系中第 j 个指标的权重为：

$$\omega_j = \frac{\sum_{i=1}^{k} a_{ji} \times \theta_i}{\sum_{i=1}^{k} \theta_i} \quad (i=1, 2, \cdots, k) \quad\quad (4-17)$$

其中，ω_j 表示第 j 个指标的权重，θ_i（i=1，2，…，k）表示第 i 个主成分的贡献率，a_{ji} 表示第 j 个指标在第 i 个主成分中对应的系数。

（4）计算单因素综合得分。

根据民营企业家创新生态系统的单因素原始数据标准化值和指标权重计算每个单因素的综合得分 P_i。

（5）计算每个因素的成熟度等级。

在本书中，民营企业家创新生态系统的进化过程是一个连续的、渐进的过程，因此，成熟度为一个介于 [0, 1] 之间的连续数值。成熟度为 "0" 表示企业家创新生态系统完全不成熟，民营企业家完全不具备创新意识和创新行为，创新环境完全不能支撑民营企业家创新行为。成熟度为 "1" 表示民营企业家创新生态系统完全成熟，是一种理想状态。在实证中，规定民营企业家创新生态系统最完善的地区的成熟度为 1，最落后的企业家创新生态系统的成熟度为 M_0（小于1）。则企业家创新生态系统成熟度可根据成熟度曲线计算得到，有以下直线型和 "S" 型两种测度方法[①]。

第一种方法，直线型成熟度曲线。直线型成熟度曲线是成熟度的理想形式

---

① 李松辉，戚昌文和周祖德. 区域创新系统创新能力成熟度的测定方法研究 [J]. 武汉理工大学学报（信息与管理工程版），2004（01）：103-105.

（如图 4 - 3 所示）。系统成熟度 M 为：

$$M = M_0 + (1 - M_0) \frac{P_i - P_{min}}{P_{max} - P_{min}} \qquad (4 - 18)$$

其中，P_{min} 表示所有样本综合得分最低值，P_{max} 表示所有样本综合得分最高值。

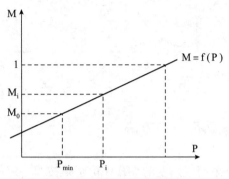

图 4 - 3　直线型成熟度曲线

第二种方法，"S"型成熟度曲线。"S"型曲线是逻辑增长曲线模型的俗称，该模型最初用于模拟人口增长，其模型为：

$$\begin{cases} \dfrac{dN}{dt} = r\left(1 - \dfrac{N}{K}\right)N \\ N(0) = N_0 \end{cases} \qquad (4 - 19)$$

其通解为：

$$N(t) = \frac{K}{1 + \left(\dfrac{K}{N_0} - 1\right) \cdot e^{-rt}} \qquad (4 - 20)$$

其中，N_0 为初始人口数量，$N(t)$ 为 t 时刻人口数；r 为人口净相对增长率，K 为人口增长的一个稳定的平衡值。该模型是一种自我抑制性方程，其基本假设为人口增长率是人口数量的递减函数。其曲线（见图 4 - 4）特征是先抑后扬，初期增长缓慢，达某一点后增长迅速，再达限度后增长减缓，整条曲线呈现出"S"型。

根据（4 - 20）式，令 $N(t) = M_i$，$N_0 = M_0$，$K = 1$，$t = P_i - P_{min}$，$r = \dfrac{1 - M_0}{P_{max} - P_{min}}$，则企业家创新生态系统成熟度可以表示为：

$$M = \frac{1}{1 + \left(\dfrac{1}{M_0} - 1\right)e^{-\frac{(1-M_0)(P_i - P_{min})}{P_{max} - P_{min}}}} \qquad (4 - 21)$$

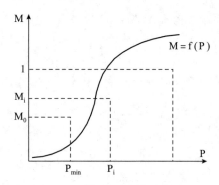

图 4 - 4 "S"型成熟度曲线

4.6.3 系统成熟度评判方法

企业家创新生态系统成熟度的综合评价就是按照一定的计算方法和逻辑规则将系统的 n 个评价因素进行合成的过程，即：

$$m = m_1 \Delta m_2 \Delta \cdots \Delta m_n \tag{4-22}$$

其中，m 表示系统成熟度，m_1，m_2，…，m_n 表示评价要素的成熟度，Δ 表示某种合成规则。n 元连续函数 $M = M(m_1, m_2, \cdots, m_n)$ 称为 n 维成熟度函数，其几何意义是在 n 维空间上有 2^n 个顶点的凸多面体，曲面 $M = M(m_1, m_2, \cdots, m_n)$ 称为 n 维成熟度曲面。具体合成规则有距离规则、加法规则和乘法规则三种。

4.6.3.1 距离规则

成熟度合成的距离规则应满足的条件是：

（1）当所有 n 个因素的成熟度都为最大值 1 时，系统成熟度才为最大值 1，即 $M^*(1, 1, \cdots, 1) = 1$；

（2）当所有 n 个因素的成熟度都为最小值 0 时，系统成熟度才为最小值 0，即 $M^\circ(0, 0, \cdots, 0) = 0$；

（3）其余任意一点的成熟度取值，与该点到成熟度最大值点的距离成正比，其余任意一点与 M^* 的距离为 $d = \sqrt{\sum_{i=1}^{n}(1 - m_i)}$。则 n 维成熟度合成的计算公式为

$$M(m_1, m_2, \cdots, m_n) = 1 - \sqrt{\frac{1}{n}\sum_{i=1}^{n}(1 - m_i)^2} \tag{4-23}$$

4.6.3.2　加法规则

成熟度合成的加法规则应满足的条件是：

（1）当所有 n 个因素的成熟度都为最大值 1 时，系统成熟度才为最大值 1，即 $M^*(1, 1, \cdots, 1) = 1$；

（2）当所有 n 个因素的成熟度都为最小值 0 时，系统成熟度才为最小值 0，即 $M^\circ(0, 0, \cdots, 0) = 0$；

（3）其余任意一点的成熟度取值为

$$M(m_1, m_2, \cdots, m_n) = \sum_{i=1}^{n} \omega_i m_i \qquad (4-24)$$

其中，ω_i 为第 i 个因素的权重，$\sum_{i=1}^{n} \omega_i = 1$，$0 \leq \omega_i \leq 1$，$(i = 1, 2, \cdots, n)$。

加法原则适用于评价因素可以相互线性替代的情况。一种成熟度水平较低的评价因素可以由另外一种或几种成熟度较高的评价因素补偿，即每个因素的成熟度对系统成熟度的贡献不具有唯一性。

4.6.3.3　乘法规则

n 维成熟度合成的计算公式为：

$$M(m_1, m_2, \cdots, m_n) = \prod_{i=1}^{n} m_i \qquad (4-25)$$

考虑因素权重，则有：

$$M(m_1, m_2, \cdots, m_n) = \prod_{i=1}^{n} m_i^{\omega_i} \qquad (4-26)$$

其中，ω_i 为第 i 个因素的权重，$\sum_{i=1}^{n} \omega_i = 1$，$0 \leq \omega_i \leq 1$，$(i = 1, 2, \cdots, n)$。

乘法规则适用于评价因素完全不能替代的情况。因素成熟度对系统成熟度的贡献是唯一的，同等重要的，不能由其他任何一种或多种因素取代。任何一种因素的成熟度为 0，无论其他因素的成熟度取值多大，系统成熟度仍为 0。

第 5 章

我国民营企业家创新生态系统
成熟度评价的实证分析

按照本书的研究范式，民营企业家在创新过程中需要从创新环境中获取各种创新资源，这些创新资源的拥有量决定了民营企业家可占有的创新生态位。在不同的创新生态系统中，创新环境中所蕴含的创新资源也是不同的。民营企业家为获得最优创新生态位，不断对其进行调整，这种创新生态位的调整取决于两方面的选择力，一方面是由创新环境蕴含的创新资源丰富程度所决定的自然选择，另一方面是由民营企业家自身创新精神和创新能力所决定的自主选择。这两种选择力决定了民营企业家创新生态系统的进化程度。根据第 4 章的分析，由两种选择力可以分别定义民营企业家创新生态系统模型中的自主选择和自然选择两大关键因素，本章第二节应用已构建的评价指标对关键因素的成熟度水平进行测算。本章第三节进一步地应用乘法原则对由两种选择力共同决定的民营企业家创新生态系统的成熟度水平进行测算。

与自然生态系统相似，民营企业家创新生态系统及两种关键因素都存在着明显的区域性特征。我国各地区在国家建设创新型社会的总体要求下，根据各自的经济社会发展需求，采取不同措施推进创新生态系统的建设。但由于发展基础和速度不同，各地区的创新生态因子存在较大差异。同时，由于受到科技进步、经济发展、历史沿革和区域文化等不同因素的影响，民营企业家创新精神和创新能力也呈现出明显的区域性差异①。由自然选择和自主选择两种作用力共同推动的不同区域的民营企业家创新生态系统成熟度处于不同的等级。因此，本章以我国内地 31 个省（市、区）的区域数据为基础，对我国不同区域

---

① 高波. 文化、文化资本与企业家精神的区域差异［J］. 南京大学学报（哲学. 人文科学. 社会科学版），2007（05）：39－47.

的民营企业家创新生态系统成熟度进行评价，以描述和测度不同区域的自主选择和自然选择两个单因素发展水平，以及系统的整体发展水平，并以此为依据提出相应的成熟度提升策略。

5.1 数据收集与标准化

5.1.1 数据收集

本书通过自主选择和自然选择两个关键因素来评价民营企业家创新生态系统的成熟度。考虑统计数据的完整性和可得性，本书根据我国内地 31 个省（市、区）2015 年的相关数据进行实证分析。

根据前文建立的民营企业家创新生态系统成熟度指标体系，查阅相关统计资料，获得统计数据。统计资料来源包括《中国统计年鉴 2016》《中国科技统计年鉴 2016》《中国人口与就业统计年鉴 2016》和《工业企业科技活动统计年鉴 2016》等。本文数据采用 SPSS 18.0 进行统计分析。

5.1.2 数据标准化处理

为消除各指标不同量纲的影响和不同性质指标对评价结果的作用力同趋化影响，使数据具有可比性，必须对数据进行标准化处理。本书的数据标准化处理方法采用 Z 标准化法。即设原始数据为 x_1，x_2，$\cdots$，x_n，样本均值为 μ，样本标准差为 σ，则标准化过程为：

$$Z = \frac{x - \mu}{\sigma} \qquad (5-1)$$

对自主选择和自然选择的原始数据进行标准化处理，结果分别如表 5-1 和表 5-2 所示。

表 5-1　　　　　　　　　　　自主选择各指标的标准化值

地区	X111	X112	X113	X121	X122	X123	X131	X132
北京	3.000	0.385	2.695	1.574	1.108	2.239	1.852	2.203
天津	0.390	0.167	-0.455	2.456	0.819	1.212	2.307	1.375

续表

地区	X111	X112	X113	X121	X122	X123	X131	X132
河北	−0.456	−0.132	−0.885	−0.726	−0.370	−0.436	−0.612	−0.407
山西	−0.526	1.097	−0.575	−0.937	−0.529	−1.171	−0.661	−0.828
内蒙古	−0.419	−0.823	−0.384	−0.975	−0.756	−0.349	−0.922	−0.738
辽宁	−0.207	0.234	−0.428	−0.890	−0.831	−0.660	−0.676	−0.625
吉林	−0.470	−0.690	−0.328	−1.181	−0.902	−1.274	−0.843	−0.896
黑龙江	−0.718	−1.576	−1.091	−0.916	−0.643	−1.099	−0.830	−0.926
上海	3.673	1.482	3.055	0.467	−0.401	1.218	0.403	0.617
江苏	0.745	1.731	1.410	2.148	4.106	0.973	1.782	0.919
浙江	0.789	2.158	1.842	2.128	1.819	2.232	3.022	2.951
安徽	−0.473	0.323	−0.516	0.207	0.968	0.090	0.667	0.466
福建	0.202	0.114	0.267	0.324	−0.121	0.525	−0.115	−0.102
江西	−0.517	−0.502	−0.209	−0.243	−0.288	−0.880	−0.348	−0.645
山东	−0.085	0.670	−0.114	−0.139	−0.291	0.410	−0.375	−0.036
河南	−0.645	−1.544	−0.736	−0.522	−0.342	−0.679	−0.629	−0.222
湖北	−0.230	−0.733	−0.241	−0.089	−0.337	0.019	−0.025	0.142
湖南	−0.725	0.274	−0.211	0.493	0.196	0.525	0.320	0.939
广东	0.748	−0.001	0.506	0.492	0.390	1.686	0.235	1.247
广西	−0.496	1.178	−0.509	−0.833	−0.702	−1.030	−0.566	−0.777
海南	0.263	−1.995	−0.004	0.695	0.278	0.432	−0.135	0.094
重庆	0.312	1.206	1.054	0.240	0.147	0.278	0.631	1.051
四川	−0.457	−0.424	−0.218	−0.683	−0.543	−0.820	−0.387	−0.711
贵州	−0.453	0.080	−0.475	−1.141	−0.873	−1.268	−0.866	−0.994
云南	−0.566	−0.190	−0.510	0.354	0.147	0.006	0.060	−0.557
西藏	−0.643	−0.626	−0.120	−0.481	−0.856	−0.868	−0.940	−1.175
陕西	−0.233	−1.433	−0.757	−0.236	−0.441	−0.258	−0.292	−0.793
甘肃	−0.591	−1.142	−0.527	0.619	0.259	0.633	−0.381	−0.456
青海	−0.571	−0.182	−0.794	−1.131	−0.564	−1.046	−0.854	−0.963
宁夏	−0.049	0.539	−0.141	−0.308	0.126	0.012	−0.128	−0.231
新疆	−0.591	0.356	−0.600	−0.766	−0.574	−0.654	−0.696	0.080

表 5-2　　　　　　　　　　自然选择各指标的标准化值

地区	X211	X212	X213	X221	X222	X223	X231	X232	X233	X241	X242	X243
北京	3.305	3.324	3.806	4.462	1.540	4.041	-0.301	4.150	2.491	2.292	3.772	2.236
天津	0.922	2.066	1.286	-0.438	-0.542	-0.187	-0.549	1.336	-0.302	2.354	0.591	1.041
河北	-0.518	-0.461	-0.349	-0.525	-0.318	-0.041	-0.387	-0.608	-0.638	-0.550	-0.793	-0.065
山西	-0.579	-0.564	-0.470	-0.499	-0.566	-0.649	0.082	-0.084	-0.746	-0.779	0.709	0.262
内蒙古	-0.646	-0.429	-0.711	-0.474	-0.681	-0.676	-0.571	0.272	-0.310	0.773	-0.763	-0.083
辽宁	-0.281	-0.266	-0.272	-0.296	-0.174	-0.157	-0.907	0.388	0.100	0.526	-0.099	0.970
吉林	-0.546	-0.327	-0.495	-0.623	-0.603	-0.340	-0.424	-0.169	-0.723	-0.086	-0.950	-0.313
黑龙江	-0.419	-0.444	-0.461	-0.679	-0.657	-0.322	-0.329	-0.152	-0.323	-0.584	0.426	-0.596
上海	1.879	1.712	1.845	0.318	2.603	1.594	-0.554	2.130	3.726	2.176	2.396	1.935
江苏	1.374	1.486	0.847	-0.480	0.467	0.498	-0.769	0.312	-0.470	1.498	0.181	0.377
浙江	2.315	1.510	0.666	-0.202	2.299	1.615	-0.594	0.052	-0.005	1.054	0.314	1.245
安徽	-0.134	-0.180	0.322	0.143	-0.084	0.443	-0.234	-0.382	-0.318	-0.733	-0.920	-1.047
福建	0.279	0.250	-0.065	-0.388	-0.186	0.143	-0.607	-0.194	0.397	0.638	-0.635	1.625
江西	-0.525	-0.622	-0.470	-0.720	-0.636	-0.558	0.090	-0.554	-0.587	-0.702	-0.919	-1.109
山东	-0.106	0.146	0.589	-0.476	-0.667	-0.446	-0.695	-0.249	-0.422	0.476	-0.202	-0.207
河南	-0.474	-0.371	-0.349	-0.810	-0.615	-0.551	-0.409	-0.824	-0.536	-0.599	-0.792	-1.065
湖北	-0.290	-0.126	0.270	-0.226	0.410	-0.348	-0.541	0.100	-0.225	-0.104	-0.456	-0.393
湖南	-0.410	-0.364	-0.134	0.217	0.387	0.533	-0.494	-0.358	-0.627	-0.443	-0.335	-1.003
广东	1.100	0.759	0.761	-0.004	2.777	0.826	-0.650	-0.344	-0.306	0.619	0.413	1.873
广西	-0.618	-0.707	-0.822	-0.558	-0.702	-0.599	0.073	-0.756	-0.305	-0.768	-0.954	-0.747
海南	-0.637	-0.688	-0.969	0.534	0.681	0.885	0.411	-0.512	0.930	-0.526	0.719	0.032
重庆	-0.002	-0.231	-0.014	-0.406	-0.251	-0.626	-0.418	-0.259	0.532	-0.033	0.076	-0.260
四川	-0.284	-0.467	0.072	-0.152	-0.514	-0.593	-0.130	-0.491	-0.483	-0.700	-0.389	-0.994
贵州	-0.563	-0.757	-0.857	-0.452	-0.882	-0.599	1.087	-0.867	-0.534	-0.997	-0.250	-1.136
云南	-0.633	-0.693	-0.676	1.297	-0.631	-0.516	0.430	-0.715	-0.647	-1.042	-0.221	-1.224
西藏	-0.762	-0.879	-1.106	-0.847	0.137	-0.832	4.494	-1.066	-0.769	-0.905	0.781	-0.587
陕西	-0.231	-0.077	0.511	-0.077	-0.325	-0.692	-0.115	0.508	-0.513	-0.234	-0.730	-0.109
甘肃	-0.634	-0.631	-0.315	1.293	-0.579	-0.345	1.079	-0.265	-0.756	-1.155	0.250	-1.101
青海	-0.688	-0.751	-0.951	0.317	-0.902	-0.880	0.855	-0.572	1.051	-0.508	-0.652	0.289
宁夏	-0.613	-0.482	-0.607	0.975	-0.408	-0.649	0.147	0.138	1.258	-0.398	-0.300	-0.171
新疆	-0.581	-0.737	-0.883	-0.222	-0.377	0.030	0.930	0.035	0.061	-0.560	-0.270	0.324

5.2 创新生态系统单因素成熟度测算

5.2.1 自主选择成熟度测算

采用主成分分析法确定指标权重,并计算自主选择成熟度,其步骤如下:

(1) 主成分适用条件的检验。

计算指标间相关系数矩阵,自主选择指标的相关系数矩阵如表5-3所示。

表 5-3 自主选择指标间相关系数矩阵

指标	ZX111	ZX112	ZX113	ZX121	ZX122	ZX123	ZX131	ZX132
ZX111	1.000	0.425	0.919	0.540	0.360	0.711	0.560	0.619
ZX112	0.425	1.000	0.572	0.361	0.446	0.384	0.536	0.518
ZX113	0.919	0.572	1.000	0.597	0.497	0.734	0.644	0.707
ZX121	0.540	0.361	0.597	1.000	0.829	0.878	0.927	0.833
ZX122	0.360	0.446	0.497	0.829	1.000	0.669	0.803	0.683
ZX123	0.711	0.384	0.734	0.878	0.669	1.000	0.832	0.899
ZX131	0.560	0.536	0.644	0.927	0.803	0.832	1.000	0.909
ZX132	0.619	0.518	0.707	0.833	0.683	0.899	0.909	1.000

对自主选择指标进行 KMO 和 Bartlett 检验。如表 5-4 所示,通过 KMO 和 Bartlett 检验可知,KMO 统计量取值为 0.742,Bartlett 球形检验卡方值为 296.722,显著性值小于 0.01. 因此,数据适用于主成分分析。

表 5-4 自主选择指标 KMO 和 Bartlett 球形检验

Kaiser – Meyer – Olkin Measure of Sampling Adequacy		0.742
Bartlett's Test of Sphericity	Approx. Chi – Square	296.722
	df	28
	Sig	0.000

（2）确定主成分和累计贡献率。

用标准化后的原始数据计算样本相关关系矩阵，并计算特征值和相对应的特征向量，按照 λ_i 的大小排序（i = 1，2，…，p）。计算累计贡献率，综合判断选取主成分的个数。

总方差分析结果如表 5 - 5 所示，显示了各个主成分对原始变量方差解释的比率。主成分 1 和主成分 2 的特征根大于 1，对应的特征根分别为 5.680 和 1.009，累计贡献率为 83.612%，提取前两个成分作为主成分。

表 5 - 5　　　　　　　　　　　　自主选择总方差分析

成分	特征根			被提取的载荷平方和		
	总体	方差	累积（%）	总体	方差	累积（%）
1	5.680	71.000	71.000	5.680	71.000	71.000
2	1.009	12.613	83.612	1.009	12.613	83.612
3	0.724	9.049	92.661			
4	0.299	3.732	96.393			
5	0.115	1.441	97.834			
6	0.103	1.291	99.125			
7	0.052	0.652	99.777			
8	0.018	0.223	100.000			

提取方法：主成分分析。

（3）确定权重。

根据各主成分对原始指标的载荷数（如表 5 - 6 所示），以及各主成分对应的特征根，求出三个主成分的线性组合中的系数，如表 5 - 7 所示。

表 5 - 6　　　　　　　　　　　　自主选择因子载荷矩阵

指标	成分	
	1	2
ZX111	0.760	0.557
ZX112	0.602	0.301
ZX113	0.836	0.489
ZX121	0.905	- 0.343

续表

指标	成分	
	1	2
ZX122	0.793	− 0.424
ZX123	0.924	− 0.056
ZX131	0.935	− 0.243
ZX132	0.929	− 0.094

Extraction Method：Principal Component Analysis.

a. 3 components extracted.

表 5 − 7 自主选择主成分线性组合中的系数

指标	第一主成分 F11	第二主成分 F12
ZX111	0.319	0.555
ZX112	0.253	0.300
ZX113	0.351	0.487
ZX121	0.380	− 0.341
ZX122	0.333	− 0.422
ZX123	0.388	− 0.056
ZX131	0.392	− 0.242
ZX132	0.390	− 0.094

由此得出，自主选择指标的主成分线性组合：

$F11 = 0.319ZX111 + 0.253ZX112 + 0.351ZX113 + 0.38ZX121 + 0.333ZX122$
$\quad + 0.388ZX123 + 0.392ZX131 + 0.39ZX132$

$F12 = 0.555ZX111 + 0.3ZX112 + 0.487ZX113 - 0.341ZX121 - 0.422ZX122$
$\quad - 0.056ZX123 - 0.242ZX131 - 0.094ZX132$

根据式（4 − 17），计算指标权重，将指标权重归一化，得到表 5 − 8。

表 5 − 8 自主选择指标权重

指标	ZX111	ZX112	ZX113	ZX121	ZX122	ZX123	ZX131	ZX132
权重	0.147	0.108	0.154	0.112	0.091	0.133	0.123	0.132

（4）自主选择成熟度综合评判。

根据自主选择的指标标准化值和权重计算各地区企业家精神的综合得分。设 $M_0 = 0.2$，根据式（4-18），对各地区自主选择关键因素的成熟度值进行测算。根据成熟度等级划分标准，即初始级成熟度为 $0 \sim 0.2$、基本级成熟度为 $0.2 \sim 0.4$、规范级成熟度为 $0.4 \sim 0.6$、优化级成熟度为 $0.6 \sim 0.8$、协同进化级成熟度为 $0.8 \sim 1$，划分出各区域的成熟度等级。最后，对各区域的成熟度进行排名。结果如表 5-9 所示。

表 5-9　　　　　　　　　　　　　　自主选择成熟度计算表

地区	综合得分	成熟度	成熟度等级	排名	地区	综合得分	成熟度	成熟度等级	排名
浙江	2.095	1.000	协同进化级	1	新疆	-0.441	0.339	基础级	17
北京	1.991	0.973	协同进化级	2	江西	-0.461	0.334	基础级	18
江苏	1.598	0.871	协同进化级	3	广西	-0.490	0.326	基础级	19
上海	1.479	0.840	协同进化级	4	辽宁	-0.500	0.324	基础级	20
天津	0.981	0.710	优化级	5	河北	-0.520	0.319	基础级	21
广东	0.696	0.636	优化级	6	四川	-0.523	0.318	基础级	22
重庆	0.632	0.619	优化级	7	山西	-0.547	0.312	基础级	23
湖南	0.197	0.505	规范级	8	陕西	-0.547	0.312	基础级	24
安徽	0.153	0.494	规范级	9	内蒙古	-0.645	0.286	基础级	25
福建	0.150	0.493	规范级	10	河南	-0.661	0.282	基础级	26
山东	0.004	0.455	规范级	11	西藏	-0.699	0.272	基础级	27
海南	-0.021	0.449	规范级	12	贵州	-0.745	0.260	基础级	28
宁夏	-0.038	0.444	规范级	13	青海	-0.775	0.252	基础级	29
湖北	-0.173	0.409	规范级	14	吉林	-0.800	0.246	基础级	30
云南	-0.194	0.404	规范级	15	黑龙江	-0.975	0.200	初始级	31
甘肃	-0.221	0.397	基础级	16					

由表 5-9 可以看出，自主选择处于协同进化级的地区包括浙江、北京、江苏和上海；处于优化级的为天津、广东和重庆；居于规范级的包括湖南、安徽、福建、山东、海南、宁夏、湖北和云南；黑龙江得分最低，处于初始级；其余地区处于基础级。

按照自主选择二级指标进行测评，可以分别得到创业精神生态因子、创新投入生态因子和创新产出生态因子的成熟度水平，计算结果分别见表 5-10、表 5-11 和表 5-12。

表 5 - 10　　　　创业精神生态因子成熟度计算表

地区	综合得分	成熟度	成熟度等级	排名	地区	综合得分	成熟度	成熟度等级	排名
上海	1.170	1.000	协同进化级	1	新疆	-0.141	0.350	基础级	17
北京	0.898	0.865	协同进化级	2	四川	-0.147	0.347	基础级	18
浙江	0.633	0.733	优化级	3	湖北	-0.150	0.346	基础级	19
江苏	0.514	0.674	优化级	4	江西	-0.162	0.339	基础级	20
重庆	0.338	0.588	规范级	5	海南	-0.178	0.332	基础级	21
广东	0.188	0.513	规范级	6	西藏	-0.181	0.330	基础级	22
福建	0.083	0.461	规范级	7	云南	-0.182	0.330	基础级	23
山东	0.042	0.441	规范级	8	吉林	-0.194	0.324	基础级	24
宁夏	0.029	0.434	规范级	9	内蒙古	-0.210	0.316	基础级	25
天津	0.005	0.423	规范级	10	河北	-0.218	0.312	基础级	26
广西	-0.024	0.408	规范级	11	青海	-0.226	0.308	基础级	27
山西	-0.047	0.396	基础级	12	甘肃	-0.291	0.276	基础级	28
辽宁	-0.071	0.385	基础级	13	陕西	-0.306	0.268	基础级	29
湖南	-0.110	0.366	基础级	14	河南	-0.375	0.234	基础级	30
安徽	-0.114	0.363	基础级	15	黑龙江	-0.444	0.200	初始级	31
贵州	-0.131	0.355	基础级	16					

表 5 - 11　　　　创新投入生态因子成熟度计算表

地区	综合得分	成熟度	成熟度等级	排名	地区	综合得分	成熟度	成熟度等级	排名
江苏	0.744	1.000	协同进化级	1	陕西	-0.101	0.401	规范级	17
浙江	0.701	0.970	协同进化级	2	江西	-0.170	0.351	基础级	18
北京	0.575	0.880	协同进化级	3	河北	-0.173	0.350	基础级	19
天津	0.511	0.835	协同进化级	4	河南	-0.180	0.345	基础级	20
广东	0.315	0.696	优化级	5	内蒙古	-0.224	0.313	基础级	21
上海	0.178	0.599	规范级	6	新疆	-0.225	0.313	基础级	22
甘肃	0.177	0.598	规范级	7	四川	-0.235	0.306	基础级	23
海南	0.161	0.586	规范级	8	西藏	-0.247	0.297	基础级	24
湖南	0.143	0.574	规范级	9	辽宁	-0.263	0.286	基础级	25
安徽	0.123	0.560	规范级	10	广西	-0.294	0.264	基础级	26
福建	0.095	0.540	规范级	11	黑龙江	-0.307	0.254	基础级	27
重庆	0.077	0.527	规范级	12	山西	-0.309	0.253	基础级	28
云南	0.054	0.511	规范级	13	青海	-0.317	0.247	基础级	29
山东	0.012	0.481	规范级	14	贵州	-0.376	0.206	基础级	30
宁夏	-0.022	0.457	规范级	15	吉林	-0.384	0.200	初始级	31
湖北	-0.038	0.445	规范级	16					

表5-12　　　　　　　　　　创新产出生态因子成熟度计算表

地区	综合得分	成熟度	成熟度等级	排名	地区	综合得分	成熟度	成熟度等级	排名
浙江	0.761	1.000	协同进化级	1	河南	-0.107	0.327	基础级	17
北京	0.519	0.812	协同进化级	2	甘肃	-0.107	0.327	基础级	18
天津	0.465	0.771	优化级	3	江西	-0.128	0.311	基础级	19
江苏	0.341	0.674	优化级	4	河北	-0.129	0.310	基础级	20
重庆	0.216	0.578	规范级	5	陕西	-0.141	0.301	基础级	21
广东	0.194	0.560	规范级	6	四川	-0.141	0.300	基础级	22
湖南	0.163	0.536	规范级	7	辽宁	-0.166	0.281	基础级	23
安徽	0.144	0.521	规范级	8	广西	-0.172	0.276	基础级	24
上海	0.131	0.511	规范级	9	山西	-0.191	0.262	基础级	25
湖北	0.016	0.422	规范级	10	内蒙古	-0.211	0.246	基础级	26
海南	-0.004	0.407	规范级	11	吉林	-0.222	0.238	基础级	27
福建	-0.028	0.388	基础级	12	黑龙江	-0.224	0.236	基础级	28
宁夏	-0.046	0.374	基础级	13	青海	-0.232	0.230	基础级	29
山东	-0.051	0.370	基础级	14	贵州	-0.238	0.226	基础级	30
云南	-0.066	0.359	基础级	15	西藏	-0.271	0.200	初始级	31
新疆	-0.075	0.352	基础级	16					

5.2.2　自然选择成熟度测算

采用相同的方法，对自然选择成熟度进行测算。其步骤如下：

（1）计算指标间相关系数矩阵。

自然选择指标的相关系数矩阵如表5-13所示。

表5-13　　　　　　　　　　自然选择指标间相关系数矩阵

指标	ZX211	ZX212	ZX213	ZX221	ZX222	ZX223	ZX231	ZX232	ZX233	ZX241	ZX242	ZX243
ZX211	1.000	0.958	0.899	0.489	0.764	0.860	-0.352	0.773	0.554	0.837	0.721	0.759
ZX212	0.958	1.000	0.935	0.476	0.639	0.795	-0.397	0.840	0.517	0.915	0.704	0.748
ZX213	0.899	0.935	1.000	0.583	0.602	0.796	-0.417	0.874	0.531	0.802	0.713	0.642
ZX221	0.489	0.476	0.583	1.000	0.309	0.687	-0.018	0.671	0.537	0.271	0.651	0.312
ZX222	0.764	0.639	0.602	0.309	1.000	0.756	-0.188	0.457	0.518	0.565	0.605	0.680
ZX223	0.860	0.795	0.796	0.687	0.756	1.000	-0.266	0.755	0.607	0.634	0.763	0.658

续表

指标	ZX211	ZX212	ZX213	ZX221	ZX222	ZX223	ZX231	ZX232	ZX233	ZX241	ZX242	ZX243
ZX231	-0.352	-0.397	-0.417	-0.018	-0.188	-0.266	1.000	-0.316	-0.147	-0.467	0.069	-0.314
ZX232	0.773	0.840	0.874	0.671	0.457	0.755	-0.316	1.000	0.688	0.792	0.782	0.681
ZX233	0.554	0.517	0.531	0.537	0.518	0.607	-0.147	0.688	1.000	0.547	0.669	0.618
ZX241	0.837	0.915	0.802	0.271	0.565	0.634	-0.467	0.792	0.547	1.000	0.585	0.811
ZX242	0.721	0.704	0.713	0.651	0.605	0.763	0.069	0.782	0.669	0.585	1.000	0.610
ZX243	0.759	0.748	0.642	0.312	0.680	0.658	-0.314	0.681	0.618	0.811	0.610	1.000

对自然选择指标进行 KMO 和 Bartlett 检验。如表 5 – 14 所示，KMO 统计量取值为 0.840，Bartlett 球形检验卡方值为 446.385，显著性值小于 0.01，因此，数据适用于主成分分析。

表 5 – 14   自然选择指标 KMO 和 Bartlett 球形检验

Kaiser – Meyer – Olkin Measure of Sampling Adequacy.		0.840
Bartlett's Test of Sphericity	Approx. Chi – Square	446.385
	df	66
	Sig.	0.000

（2）确定主成分和累计贡献率。

自然选择各指标总方差的分析结果如表 5 – 15 所示，成分 1 和成分 2 的特征根大于 1，但这两个主成分共计只能够解释 77.554% 的原始变量信息，因此，不能单纯根据特征根大于 1 这个条件来提取主成分。前五个成分累积贡献率达 94.224%，可以解释绝大部分总方差，因此，选择这五个作为主成分是合适的。

表 5 – 15   自然选择总方差分析

成分	特征根			被提取的载荷平方和		
	总体	方差	累积（%）	总体	方差	累积（%）
1	7.921	66.012	66.012	7.921	66.012	66.012
2	1.385	11.542	77.554	1.385	11.542	77.554
3	0.835	6.960	84.514	0.835	6.960	84.514

成分	特征根			被提取的载荷平方和		
	总体	方差	累积（%）	总体	方差	累积（%）
4	0.610	5.085	89.599	0.610	5.085	89.599
5	0.555	4.625	94.224	0.555	4.625	94.224
6	0.236	1.963	96.187			
7	0.157	1.309	97.496			
8	0.108	0.901	98.397			
9	0.080	0.664	99.061			
10	0.073	0.607	99.667			
11	0.031	0.259	99.926			
12	0.009	0.074	100.000			

Extraction Method：Principal Component Analysis.

（3）确定权重。

根据各主成分对原始指标的载荷数（如表 5 – 16 所示），以及各主成分对应的特征根，求出五个主成分的线性组合中的系数，如表 5 – 17 所示。

表 5 – 16　　　　　　　　　　　自然选择因子载荷矩阵

指标	成分				
	1	2	3	4	5
ZX211	0.944	− 0.118	0.100	0.203	0.038
ZX212	0.939	− 0.185	− 0.031	0.146	0.204
ZX213	0.921	− 0.094	− 0.195	0.181	0.109
ZX221	0.624	0.555	− 0.441	0.094	− 0.188
ZX222	0.743	− 0.013	0.514	0.189	− 0.335
ZX223	0.897	0.151	0.008	0.217	− 0.238
ZX231	− 0.357	0.758	0.378	0.074	0.357
ZX232	0.903	0.082	− 0.283	− 0.143	0.175
ZX233	0.717	0.267	0.036	− 0.560	− 0.215
ZX241	0.862	− 0.356	0.052	− 0.135	0.264
ZX242	0.824	0.431	0.086	− 0.005	0.143
ZX243	0.820	− 0.175	0.305	− 0.257	0.037

Extraction Method：Principal Component Analysis.

a. 3 components extracted.

表 5 - 17   自然选择主成分线性组合中的系数

指标	第一主成分 F21	第二主成分 F22	第三主成分 F23	第四主成分 F24	第五主成分 F25
ZX211	0.335	- 0.100	0.109	0.260	0.051
ZX212	0.334	- 0.157	- 0.034	0.187	0.274
ZX213	0.327	- 0.080	- 0.213	0.232	0.146
ZX221	0.222	0.472	- 0.483	0.120	- 0.252
ZX222	0.264	- 0.011	0.562	0.242	- 0.450
ZX223	0.319	0.128	0.009	0.278	- 0.319
ZX231	- 0.127	0.644	0.414	0.095	0.479
ZX232	0.321	0.070	- 0.310	- 0.183	0.235
ZX233	0.255	0.227	0.039	- 0.717	- 0.289
ZX241	0.306	- 0.302	0.057	- 0.173	0.354
ZX242	0.293	0.366	0.094	- 0.006	0.192
ZX243	0.291	- 0.149	0.334	- 0.006	0.050

由此得出，自然选择指标的主成分线性组合：

$F21 = 0.335ZX211 + 0.334ZX212 + 0.327ZX213 + 0.222ZX221$
$\qquad + 0.264ZX222 + 0.319ZX223 - 0.127ZX231 + 0.321ZX232$
$\qquad + 0.255ZX233 + 0.306ZX241 + 0.293ZX242 + 0.291ZX243$

$F22 = - 0.1ZX211 - 0.157ZX212 - 0.08ZX213 + 0.472ZX221$
$\qquad - 0.011ZX222 + 0.128ZX223 + 0.644ZX231 + 0.07ZX232$
$\qquad + 0.227ZX233 - 0.302ZX241 + 0.366ZX242 - 0.149ZX243$

$F23 = 0.109ZX211 - 0.034ZX212 - 0.213ZX213 - 0.483ZX221$
$\qquad + 0.562ZX222 + 0.009ZX223 + 0.414ZX231 - 0.31ZX232$
$\qquad + 0.039ZX233 + 0.057ZX241 + 0.094ZX242 + 0.334ZX243$

$F24 = 0.26ZX211 + 0.187ZX212 + 0.232ZX213 + 0.12ZX221$
$\qquad + 0.242ZX222 + 0.278ZX223 + 0.095ZX231 - 0.183ZX232$
$\qquad - 0.717ZX233 - 0.173ZX241 - 0.006ZX242 - 0.006ZX243$

$F25 = 0.051ZX211 + 0.274ZX212 + 0.146ZX213 - 0.252ZX221$
$\qquad - 0.45ZX222 - 0.319ZX223 + 0.479ZX231 + 0.235ZX232$
$\qquad - 0.289ZX233 + 0.354ZX241 + 0.192ZX242 + 0.05ZX243$

根据公式（4 - 17），计算指标权重，将指标权重归一化，得到表 5 - 18。

表 5 – 18 自然选择指标权重

指标	权重	指标	权重	指标	权重	指标	权重
ZX211	0.103	ZX221	0.071	ZX231	0.020	ZX241	0.079
ZX212	0.098	ZX222	0.090	ZX232	0.088	ZX242	0.111
ZX213	0.093	ZX223	0.100	ZX233	0.065	ZX243	0.081

（4）自然选择成熟度综合评判。

根据自然选择的指标标准化值和权重计算各地区创新环境的综合得分。设 $M_0 = 0.2$，根据公式（4 – 18），对各地区自然选择关键因素的成熟度值进行测算。最后，对各区域的成熟度进行排名。结果如表 5 – 19 所示。

表 5 – 19 自然选择成熟度计算表

地区	综合得分	成熟度	成熟度等级	排名	地区	综合得分	成熟度	成熟度等级	排名
北京	3.182	1.000	协同进化级	1	新疆	− 0.283	0.283	基础级	17
上海	1.962	0.748	优化级	2	山西	− 0.326	0.274	基础级	18
浙江	1.014	0.551	规范级	3	甘肃	− 0.355	0.268	基础级	19
广东	0.774	0.502	规范级	4	黑龙江	− 0.357	0.268	基础级	20
天津	0.741	0.495	规范级	5	内蒙古	− 0.375	0.264	基础级	21
江苏	0.574	0.460	规范级	6	青海	− 0.434	0.252	基础级	22
福建	0.125	0.368	基础级	7	河北	− 0.440	0.250	基础级	23
海南	0.029	0.348	基础级	8	四川	− 0.441	0.250	基础级	24
辽宁	− 0.001	0.341	基础级	9	吉林	− 0.475	0.243	基础级	25
湖北	− 0.138	0.313	基础级	10	西藏	− 0.485	0.241	基础级	26
山东	− 0.145	0.312	基础级	11	云南	− 0.515	0.235	基础级	27
重庆	− 0.150	0.311	基础级	12	河南	− 0.623	0.213	基础级	28
宁夏	− 0.181	0.304	基础级	13	江西	− 0.655	0.206	基础级	29
陕西	− 0.187	0.303	基础级	14	贵州	− 0.671	0.203	基础级	30
湖南	− 0.222	0.296	基础级	15	广西	− 0.684	0.200	初始级	31
安徽	− 0.259	0.288	基础级	16					

由表 5 – 19 可以看出，自然选择得分最高的是北京，是唯一处于协同进化级的地区；上海得分为第二位，是唯一处于优化级的地区；处于规范级的地区包括浙江、广东、天津和江苏；广西得分最低，处于初始级；其余地区处于基础级。

按照创新环境二级指标进行测评，可以分别得到要素市场生态因子、创新政策法律生态因子、教育文化生态因子、经济和基础设施生态因子的成熟度水平，计算结果分别见表 5 – 20、表 5 – 21、表 5 – 22 和表 5 – 23。

表 5-20　　　　　　要素市场生态因子成熟度计算表

地区	综合得分	成熟度	成熟度等级	排名	地区	综合得分	成熟度	成熟度等级	排名
北京	1.020	1.000	协同进化级	1	黑龙江	-0.130	0.286	基础级	17
上海	0.533	0.697	优化级	2	河北	-0.131	0.285	基础级	18
浙江	0.448	0.645	优化级	3	吉林	-0.134	0.283	基础级	19
天津	0.417	0.625	优化级	4	甘肃	-0.156	0.269	基础级	20
江苏	0.366	0.593	规范级	5	山西	-0.159	0.268	基础级	21
广东	0.258	0.527	规范级	6	江西	-0.159	0.268	基础级	22
山东	0.058	0.402	规范级	7	宁夏	-0.167	0.263	基础级	23
福建	0.047	0.395	基础级	8	内蒙古	-0.175	0.258	基础级	24
陕西	0.016	0.376	基础级	9	云南	-0.196	0.244	基础级	25
安徽	-0.002	0.365	基础级	10	广西	-0.209	0.236	基础级	26
湖北	-0.017	0.356	基础级	11	贵州	-0.212	0.235	基础级	27
重庆	-0.024	0.351	基础级	12	新疆	-0.214	0.233	基础级	28
四川	-0.068	0.324	基础级	13	海南	-0.223	0.228	基础级	29
辽宁	-0.080	0.316	基础级	14	青海	-0.233	0.221	基础级	30
湖南	-0.090	0.310	基础级	15	西藏	-0.267	0.200	初始级	31
河南	-0.118	0.293	基础级	16					

表 5-21　　　　　　政策法律生态因子成熟度计算表

地区	综合得分	成熟度	成熟度等级	排名	地区	综合得分	成熟度	成熟度等级	排名
北京	0.859	1.000	协同进化级	1	天津	-0.099	0.256	基础级	17
上海	0.416	0.656	优化级	2	陕西	-0.104	0.252	基础级	18
浙江	0.354	0.608	优化级	3	重庆	-0.114	0.245	基础级	19
广东	0.332	0.591	规范级	4	四川	-0.116	0.243	基础级	20
海南	0.188	0.479	规范级	5	西藏	-0.131	0.231	基础级	21
湖南	0.104	0.413	规范级	6	吉林	-0.132	0.230	基础级	22
江苏	0.058	0.378	基础级	7	山东	-0.138	0.226	基础级	23
安徽	0.047	0.369	基础级	8	黑龙江	-0.140	0.225	基础级	24
甘肃	0.005	0.337	基础级	9	青海	-0.147	0.219	基础级	25
湖北	-0.014	0.322	基础级	10	山西	-0.151	0.216	基础级	26
云南	-0.016	0.320	基础级	11	内蒙古	-0.163	0.207	基础级	27
福建	-0.030	0.310	基础级	12	广西	-0.163	0.207	基础级	28
宁夏	-0.032	0.308	基础级	13	江西	-0.164	0.206	基础级	29
新疆	-0.047	0.297	基础级	14	河南	-0.168	0.203	基础级	30
辽宁	-0.052	0.292	基础级	15	贵州	-0.171	0.200	初始级	31
河北	-0.070	0.279	基础级	16					

表 5 – 22　　　　　　　　　　　　教育文化生态因子成熟度计算表

地区	综合得分	成熟度	成熟度等级	排名	地区	综合得分	成熟度	成熟度等级	排名
北京	0.521	1.000	协同进化级	1	甘肃	− 0.051	0.281	基础级	17
上海	0.419	0.871	协同进化级	2	西藏	− 0.054	0.278	基础级	18
宁夏	0.097	0.467	规范级	3	山西	− 0.054	0.277	基础级	19
天津	0.087	0.454	规范级	4	安徽	− 0.059	0.271	基础级	20
青海	0.035	0.389	基础级	5	广东	− 0.063	0.266	基础级	21
新疆	0.026	0.378	基础级	6	山东	− 0.063	0.266	基础级	22
海南	0.024	0.375	基础级	7	吉林	− 0.070	0.257	基础级	23
辽宁	0.023	0.374	基础级	8	四川	− 0.077	0.248	基础级	24
陕西	0.009	0.357	基础级	9	湖南	− 0.082	0.242	基础级	25
重庆	0.003	0.349	基础级	10	广西	− 0.085	0.239	基础级	26
福建	− 0.003	0.341	基础级	11	江西	− 0.085	0.238	基础级	27
浙江	− 0.008	0.336	基础级	12	贵州	− 0.089	0.233	基础级	28
内蒙古	− 0.008	0.336	基础级	13	云南	− 0.096	0.224	基础级	29
湖北	− 0.017	0.324	基础级	14	河北	− 0.103	0.216	基础级	30
江苏	− 0.018	0.322	基础级	15	河南	− 0.116	0.200	初始级	31
黑龙江	− 0.041	0.294	基础级	16					

表 5 – 23　　　　　　　　　　　经济和基础设施生态因子成熟度计算表

地区	综合得分	成熟度	成熟度等级	排名	地区	综合得分	成熟度	成熟度等级	排名
北京	0.781	1.000	协同进化级	1	宁夏	− 0.079	0.331	基础级	17
上海	0.595	0.855	协同进化级	2	青海	− 0.089	0.323	基础级	18
天津	0.336	0.654	优化级	3	湖北	− 0.091	0.322	基础级	19
广东	0.246	0.584	规范级	4	陕西	− 0.108	0.308	基础级	20
浙江	0.219	0.563	规范级	5	河北	− 0.137	0.286	基础级	21
江苏	0.169	0.524	规范级	6	吉林	− 0.138	0.285	基础级	22
福建	0.112	0.479	规范级	7	甘肃	− 0.153	0.274	基础级	23
辽宁	0.109	0.477	规范级	8	湖南	− 0.153	0.273	基础级	24
海南	0.041	0.424	规范级	9	四川	− 0.179	0.253	基础级	25
山西	0.038	0.422	规范级	10	贵州	− 0.199	0.238	基础级	26
山东	− 0.002	0.391	基础级	11	云南	− 0.206	0.232	基础级	27
重庆	− 0.015	0.381	基础级	12	河南	− 0.221	0.220	基础级	28
内蒙古	− 0.030	0.369	基础级	13	广西	− 0.227	0.216	基础级	29
西藏	− 0.032	0.367	基础级	14	安徽	− 0.245	0.202	基础级	30
黑龙江	− 0.047	0.356	基础级	15	江西	− 0.247	0.200	初始级	31
新疆	− 0.048	0.355	基础级	16					

5.3 创新生态系统成熟度综合测算

根据某种合成规则，通过自主选择和自然选择两个单因素的成熟度综合测算民营企业家创新生态系统的成熟度水平。所依据的合成规则包括距离规则，加法规则和乘法规则。根据不同合成规则的特点，测算民营企业家创新生态系统成熟度应采用乘法规则。这是因为在民营企业家创新生态系统中，自主选择和自然选择对于系统成熟度是同等重要的，不能够相互替代。例如，即使民营企业家具有很好的创新精神，积极进行企业研发活动；但是，如果外部创新环境完全不能支持民营企业家的创新活动，那么系统成熟度也仍然为 0。根据乘法规则公式（4-26 式），设权重 $\omega_i = 1/2$，$i = 1$，2，测算各区域民营企业家创新生态系统成熟度，结果如表 5-24 所示。由此可以看出，在各地区的民营企业家创新生态系统的成熟度等级中，居于协同进化级的地区为北京；居于优化级的包括上海、浙江和江苏；居于规范级的包括天津、广东、重庆和福建；其余地区居于基础级。

表 5-24　　　　　　　　民营企业家创新生态系统成熟度计算表

地区	成熟度	成熟度等级	排名	地区	成熟度	成熟度等级	排名
北京	0.986	协同进化级	1	新疆	0.310	基础级	17
上海	0.792	优化级	2	云南	0.308	基础级	18
浙江	0.743	优化级	3	陕西	0.307	基础级	19
江苏	0.633	优化级	4	山西	0.292	基础级	20
天津	0.593	规范级	5	河北	0.283	基础级	21
广东	0.565	规范级	6	四川	0.282	基础级	22
重庆	0.438	规范级	7	内蒙古	0.275	基础级	23
福建	0.426	规范级	8	江西	0.262	基础级	24
海南	0.395	基础级	9	西藏	0.256	基础级	25
湖南	0.386	基础级	10	广西	0.256	基础级	26
安徽	0.377	基础级	11	青海	0.252	基础级	27
山东	0.377	基础级	12	河南	0.245	基础级	28
宁夏	0.368	基础级	13	吉林	0.245	基础级	29
湖北	0.358	基础级	14	黑龙江	0.231	基础级	30
辽宁	0.333	基础级	15	贵州	0.230	基础级	31
甘肃	0.326	基础级	16				

5.4　测算结果分析与成熟度提升方向

根据以上测算结果，可以得出我国不同地区民营企业家创新生态系统的综合排名，各地区不仅可以清楚地比较自身的发展水平，而且可以进一步地分析得到各关键因素的成熟度水平，从而找到民营企业家的创新短板，为有针对性地提升成熟度水平提供依据。

5.4.1　测算结果分析与评价

根据各地区民营企业家创新生态系统成熟度水平，对各地区进行排名，如图 5 - 1 所示。系统成熟度水平居于前五位的地区分别是北京、上海、浙江、

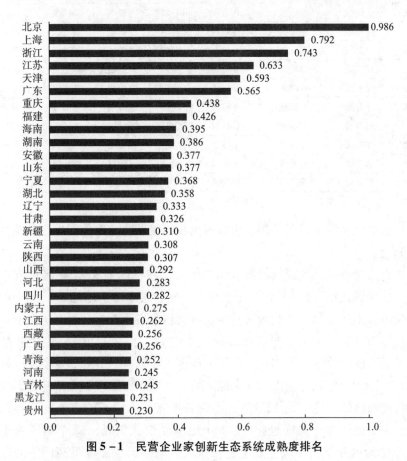

图 5 - 1　民营企业家创新生态系统成熟度排名

江苏和天津。处于最后五位的地区分别是青海、河南、吉林、黑龙江和贵州。成熟度水平前五位的地区与其他地区存在较为明显的差距。

根据上一节测算的两个单因素成熟度和系统成熟度，可以综合评价各地区的民营企业家创新生态系统成熟度等级，如表 5 – 25 所示。

表 5 – 25　　　　　　　　单因素成熟度与系统成熟度等级

地区	自主选择	自然选择	创新生态系统	地区	自主选择	自然选择	创新生态系统
北京	协同进化级	协同进化级	协同进化级	新疆	基础级	基础级	基础级
上海	协同进化级	优化级	优化级	云南	规范级	基础级	基础级
浙江	协同进化级	规范级	优化级	陕西	基础级	基础级	基础级
江苏	协同进化级	规范级	优化级	山西	基础级	基础级	基础级
天津	优化级	规范级	规范级	河北	基础级	基础级	基础级
广东	优化级	规范级	规范级	四川	基础级	基础级	基础级
重庆	优化级	基础级	规范级	内蒙古	基础级	基础级	基础级
福建	规范级	基础级	规范级	江西	基础级	基础级	基础级
海南	规范级	基础级	基础级	西藏	基础级	基础级	基础级
湖南	规范级	基础级	基础级	广西	基础级	基础级	基础级
安徽	规范级	基础级	基础级	青海	基础级	基础级	基础级
山东	规范级	基础级	基础级	河南	基础级	基础级	基础级
宁夏	规范级	基础级	基础级	吉林	基础级	基础级	基础级
湖北	规范级	基础级	基础级	黑龙江	初始级	基础级	基础级
辽宁	基础级	基础级	基础级	贵州	基础级	初始级	基础级
甘肃	基础级	基础级	基础级				

对以上测算结果进行分析，可以得出我国民营企业家创新生态系统存在的主要问题。

由自主选择单因素成熟度测算结果可知，我国内地 31 个地区中有 4 个地区处于协同进化级，3 个地区处于优化级，8 个地区处于规范级，15 个地区处于基础级。由此可见，在我国民营企业家创新生态系统中，只有 7 个地区的自主选择单因素成熟度处于最高两级成熟度水平，仅占 22.6%；由创业精神生态因子成熟度测算结果可知，只有 2 个地区处于协同进化级，2 个地区处于优化级，7 个地区处于规范级，19 个地区处于基础级，处于创业精神生态因子成熟度最高两级的地区仅占 12.9%；由创新投入生态因子的成熟度测算结果可知，有 4 个地区处于协同进化级，1 个地区处于优化级，12 个地区处于规范级，13 个地区处于基础级，处于创新投入生态因子成熟度最高两级的地区仅占 16.1%；由创新产出生态因子的成熟度测算结果可知，有 2 个地区处于协同进化级，2 个地区处于优化级，7 个地区处于规范级，19 个地区处于基础级，处于创新产出生态因子成熟度最高两级的地区仅占 12.9%。从自主选择单因素的分析中可以看出，我国民营企业家创新生态系统存在以下两方面问题：

第一，民营企业家缺乏创新精神。在我国民营企业家创新生态系统中，自主选择进化动力不足，民营企业家缺乏创新精神，创新投入十分有限。我国民营企业家创新活动的追求目标多以短期利益为主，且精神追求不足。由于创新惯例的改变必然伴随着巨大风险和成本，因此，对于我国大多数规模小、资源少的民营企业而言，民营企业家更倾向于选择保守的低成本、低风险的项目，以期获得较高的短期回报。民营企业家缺乏锐意进取的创新精神，短期经济利益追求远多于创新经济利益追求，二者共同决定了我国民营企业家缺乏创新进化的内部动力。

第二，创新收益难以成为民营企业竞争优势和利润的主要来源。获得创新收益取决于获得创新资源和将创新资源转化为创新成果两方面影响因素。一方面，我国大部分民营企业受到规模限制，企业内部创新资源不足，如研发资金投入不足、缺少独立的研发机构、难以吸引高端技术人才和创新管理人才等；另一方面，将创新资源转化为创新成果的能力较弱。创新资源向创新成果的转化需要民营企业家能够准确识别市场创新机遇，协调企业内部创新资源，充分利用企业外部异质性创新资源，并控制创新过程。我国民营企业家文化素质较低、创新管理能力有限及合作意识较差等是制约创新收益成为民营企业竞争优势的主要原因。

由自然选择单因素成熟度测算结果可知，我国内地 31 个省（市、区）中，只有北京 1 个地区处于协同进化级，只有上海 1 个地区处于优化级，4 个地区处于规范级，24 个地区处于基础级，处于成熟度等级前两级的地区仅占 6.5%；根据要素市场生态因子成熟度评价结果可知，只有北京处于协同进化级，3 个地区处于优化级，3 个地区处于规范级，23 个地区都处于基础级，处于要素市场生态因子成熟度最高两级的地区仅占 12.9%，处于前三级的地区仅占 22.6%；由政策法律环境生态因子的成熟度测算结果可知，1 个地区处于协同进化级，2 个地区处于优化级，3 个地区处于规范级，24 个地区处于基础级，处于政策法律环境生态因子成熟度最高两级的地区仅占 9.7%；由教育文化生态因子成熟度测算结果可知，有 2 个地区处于协同进化级，没有地区处于优化级，2 个地区处于规范级，26 个地区处于基础级，处于教育文化生态因子成熟度最高两级的地区仅占 6.5%；由经济和基础设施生态因子的成熟度测算结果可知，有 2 个地区处于协同进化级，1 个地区处于优化级，7 个地区处于规范级，20 个地区处于基础级，处于经济和基础设施生态因子成熟度最高两级的地区仅占 9.6%。从自然选择单因素的分析中可以看出，我国民营企业家创新生态系统存在以下三方面问题：

第一，创新资源供给不足。除少数几个地区外，我国大部分地区的创新资源成熟度水平偏低，创新资源供给不足。突出表现为知识和技术要素匮乏和社会研发投入不足两方面。前者指民营企业家无法通过其他创新主体的知识溢出和技术扩散等途径从企业外部获得必要的创新知识，难以寻找创新契机；后者指我国研发投资强度不足，不能形成良好的社会研发基础，使民营企业家在企业内部研发不足的情况下，难以从企业外部获得必要的研发成果。

第二，政策法律环境支撑不足。现阶段我国市场经济环境尚不完善，政府机构虽然在财税政策和法规制定等方面对民营企业创新给予了一定的支持，但政府仍然控制着关键性的创新资源，并直接干预市场运行；知识产权等对创新成果保护性的法律法规仍不完善，民营企业家进行创新活动面临着缺乏创新资源、创新外部性风险较高等制约因素。与此同时，依靠与政府维持各种正式或非正式的政企关系能够获得独特创新资源，可以使民营企业家在低投入、低风险的前提下获得高额利润。这些创新环境使得很多民营企业家放弃创新，而追逐投机机会。由此可见，应从培养民营企业家创新精神、提高创新获利能力、营造公平的市场竞争秩序、完善知识产权法律法规建设等方面入手，激发民营企业家创新进化动力。

第三，教育文化环境有待提高。教育文化环境是对社会创新制度的非规范化补充，决定着社会群体的文化素质和价值观。我国大部分地区的教育文化水平较低，对民营企业家创新活动的影响主要体现在以下三方面：一是导致了民营企业家难以形成以创新促发展的理念，企业家精神匮乏；二是较低的文化素质限制了人们的思想，限制了创意的产生和激活；三是急功近利、追求短期利益的社会之风盛行，难以形成企业创新文化，无法容忍创新失败。

由此可见，不同地区应分析各个单因素成熟度等级，找到创新短板，从而为有步骤地提升创新成熟度指明方向。

5.4.2　区域成熟度提升方向

本节以辽宁省为例分析民营企业家创新生态系统成熟度和各单因素成熟度

提升方向。

（1）系统成熟度提升分析。

辽宁省民营企业家创新生态系统成熟度测评值为0.333，位于全国第15位，成熟度等级处于基础级。说明辽宁省民营企业家创新生态系统整体进化程度偏低。其中，自主选择和自然选择两项单因素成熟度都为基础级。

从得分情况来看，如表5-26所示，辽宁省民营企业家创新生态系统中自主选择的单因素综合得分为-0.500，低于全国平均值，在全国排名为第20位。自主选择单因素成熟度是两个单因素中得分较低和排名较靠后的因素，因此，辽宁省提高民营企业家创新生态系统成熟度应首先提高自主选择的成熟度水平。

辽宁省民营企业家创新生态系统中自然选择的单因素综合得分为-0.001，基本持平于全国平均水平，排名第9位。按照本书所采取的直线型成熟度测算方法，辽宁省与排名第1的北京市（综合得分3.182）存在较大差距，这也是辽宁省虽然排名第9却仍处于基础级的原因。

表5-26　　　　　　　　辽宁省民营企业家创新生态系统成熟度

指标	综合得分	成熟度	成熟度等级	排名
创新生态系统		0.333	基础级	15
自主选择	-0.500	0.324	基础级	20
自然选择	-0.001	0.341	基础级	9

（2）自主选择单因素成熟度提升分析。

在辽宁省民营企业家创新生态系统中，自主选择单因素成熟度低于全国平均水平，排名第20位，处于基础级。从两个单因素成熟度水平来看，自主选择的成熟度水平低于自然选择。说明与其他省（市、区）相比，辽宁省民营企业家的创新精神较为欠缺。

如表5-27所示，在辽宁省自主选择的三个二级指标中，创业精神生态因子综合得分为-0.071，略低于全国平均水平，全国排名第13位，居于基础级。在该项二级指标中，上海和北京位于协同进化级，上海得到最高综合得分——1.17分，是民营企业家创业精神发展最好的地区。浙江和江苏位于优化级。辽宁省在二级指标创新投入生态因子上的综合得分为-0.263，低于全国平均水平，全国排名第25位，处于基础级。在该项指标中，江苏获得最高分——0.744分，江苏、浙江、北京、天津位于协同进化级，广东位于优化级，12 个省（市、区）位于规范级。这表明辽宁省民营企业家在创新活动中投入的资源十分有限，创新活动发展缓慢，与全国大部分省（市、区）存在较大差距。辽宁省在二级指标创新产出生态因子的综合得分为 - 0.166，低于全国平均水平，全国排名第 23 位，处于基础级。在该项指标中，浙江和北京处于协同进化级，浙江获得 0.761 分的最高分，天津和江苏位于优化级，7 个省（市、区）位于规范级。

从这三个二级指标的成熟度可以看出，辽宁省民营企业家的创业精神生态因子略低于全国平均水平，但创新投入生态因子和创新产出生态因子却远低于全国平均水平。说明辽宁省有一定比例的民营企业家能够识别盈利机会，并愿意承担风险创建或投资民营企业。但同时，辽宁省大多数民营企业家并没有将创新视为其维持和提高企业竞争力、获得利润的重要来源，不愿将有限的企业资源投入研发活动中，企业由创新而产生的收益也十分有限。

按照自主选择单因素中各二级指标的综合得分和成熟度等级，可以得到辽宁省创新主体成熟度提升顺序依次为：创新投入生态因子，创新产出生态因子，创业精神生态因子。

表 5 - 27　　　　　　　　　　辽宁省民营企业家自主选择成熟度

指标	综合得分	成熟度	成熟度等级	排名
创业精神生态因子	- 0.071	0.385	基础级	13
创新投入生态因子	- 0.263	0.286	基础级	25
创新产出生态因子	- 0.166	0.281	基础级	23

（3）自然选择单因素成熟度提升分析。

在辽宁省民营企业家创新生态系统中，自然选择单因素综合得分为 - 0.001，基本持平于全国平均水平，为基础级。从辽宁省自然选择二级指标的成熟度可以看出（见表 5 - 28），要素市场生态因子成熟度的综合得分为 - 0.08，略低于全国平均水平，全国排名第 14 位，处于基础级。在该项二级指标中，北京综合得分为 1.02 分，是唯一处于协同进化级的地区，上海、浙江和天津处于优化级，江苏、广东和山东处于规范级。说明辽宁省在科技、知识、研发人才和资金等创新要素方面较为欠缺，民营企业家无法从创新环境中获得足够的创新要素是其面对的主要创新短板。提高自然选择单因素成熟度应首先考虑丰富要素市场，提高要素市场的成熟度。

表 5 – 28　　　　　　　　　　　辽宁省民营企业家自然选择成熟度

指标	综合得分	成熟度	成熟度等级	排名
要素市场生态因子	– 0.080	0.316	基础级	14
政策法律生态因子	– 0.052	0.292	基础级	15
教育文化生态因子	0.023	0.374	基础级	8
经济和基础生态因子	0.109	0.477	规范级	8

　　辽宁省的政策法律生态因子成熟度是四个二级指标中最低的一项，综合得分为 – 0.052，低于全国平均水平，位于全国第 15 位。在该项二级指标中，得分最高——0.859 分，是唯一处于协同进化级的地区。上海和浙江处于优化级。居于规范级的地区有广东、海南和湖南。从综合得分情况可以看出，北京在民营企业家创新活动的政策法律生态因子方面具有明显的优势。辽宁省民营企业家创新生态系统的政策法律生态因子成熟度是所有四个环境中最差的，这说明辽宁省民营企业家得到的来自政府部门的鼓励政策十分有限，不足以有效支持民营企业家的创新活动。

　　辽宁省的教育文化生态因子成熟度略高于全国平均水平，综合得分为 0.023，位于全国第 8 位，成熟度等级为基础级。由于北京和上海的该项指标分别为 0.521 和 0.419，而其余地区的指标值均在 0.01 以下，因此，辽宁省虽然该项指标居于全国第 8 位，但仍然与北京和上海存在较大差距，只能位于基础级。这说明辽宁省的教育文化发展情况好于大多数地区，能够为民营企业家创新活动提供必要的教育文化支持，但与协同进化级的地区仍然存在不小的差距。

　　辽宁省的经济和基础设施生态因子成熟度略高于全国平均水平，综合得分为 0.109 分，居于全国第 8 位，属于规范级。该指标的协同进化级地区有北京和上海，综合得分分别为 0.781 和 0.595；天津位于优化级；包括辽宁在内的七个地区位于规范级。说明辽宁省的经济和基础设施生态因子基本可以满足民营企业家创新发展的需要。

　　按照自然选择单因素中各二级指标的综合得分和成熟度等级，可以得到辽宁省自然选择成熟度提升顺序依次为：政策法律生态因子，要素市场生态因子，教育文化生态因子，经济和基础设施生态因子。

第 *6* 章

提升我国民营企业家创新
生态系统成熟度的对策

我国民营企业家创新生态系统成熟度存在较为明显的区域性差别，各地应根据自身具体情况分析存在的创新短板。从民营企业家个人层面和企业层面提升自主选择力，从社会结构化层面和国家制度层面提升自然选择力，在自主选择和自然选择双重驱动下逐步提高民营企业家创新生态系统的成熟度水平。

6.1 民营企业家个人层面的对策

民营企业家是民营企业家创新生态系统的核心，民营企业家在复杂多变的市场环境中识别创新机会、指引企业创新方向、获取并整合创新资源、控制创新过程。民营企业家的自主选择力是其自身创新精神和创新能力的体现，决定了民营企业创新惯例的变异和遗传，是民营企业家创新生态系统进化的最重要推动力。民营企业家提高自主选择力应从自身改变做起，转变心智模式，遵循市场规则，提高自身修养，加强自身约束；同时，强化道德意识，履行社会责任。

6.1.1 转变心智模式，遵循市场经济规则

在我国目前的民营企业家创新生态系统中，政府控制着大量关键性的创新资源，如金融资源、财政资源、政策信息等，民营企业家通过与政府或政府官员建立某种政治纽带就可以优先获得这些创新资源，从而为企业带来更多的创新收益。这种不完全的市场资源配置方式是造成民营企业家不平等竞争和丧失

市场主体地位的重要原因。在这样的创新环境中，民营企业家必然会努力建立各种显性或隐性的政治纽带，用以降低创新风险，增加民营企业和企业家个人的收益。在利益驱动下，民营企业家更加热衷于通过参政议政或支付"租金"来加强政企纽带，使民营企业家对政企纽带的依赖性逐步增加。从短期来看，政企纽带能够增加企业收益，促进企业发展，但对民营企业的长期发展却构成了严重阻碍。

民营企业家应转变思想，清楚辨识企业与政府之间的关系。民营企业发展的根本动力是创造市场价值，满足市场需要，创新是民营企业家获得竞争优势的必经之路。在市场环境中，民营企业才是参与市场竞争的主体，政府机构的职能在于制定市场规则，规范市场运行。民营企业家是创新利益的创造者，而政府官员是创新环境的服务提供者。如果民营企业家仅依靠政企关系获得短期发展，而不寻找市场创新机遇，拓展企业核心竞争力，努力形成创新优势，那么当政府机构逐渐退出市场竞争，创新资源由部分政府控制变为完全市场配置后，民营企业家将无法适应创新环境的变化，而面临被市场淘汰的命运。由此可以看出，我国民营企业家应尽快转变心智模式，以市场为导向，按照市场规则规范经营，将创新作为获得竞争优势的重要手段。

6.1.2 提高素质修养，完善自我约束与激励

民营企业家自身的素质与修养是决定企业创新与发展的主观能动因素。自身素质与修养较高的民营企业家更容易吸收新知识，对隐藏于海量繁杂信息中的创新机遇更加敏感，对创新决策的判断更加准确。因此，民营企业家的素质与修养的提升是保证企业持续有效创新的必要条件。

民营企业家应从以下几个方面提升自身素质修养：首先，积累知识。信息技术的进步带来了知识更新速度的迅猛提升，在民营企业创新过程的不同环节，需要民营企业家具备不同的知识。民营企业家的知识积累可以通过接受教育和实践反思两种方式进行。前者是通过接受教育和再教育，系统地吸收理论知识；后者是在创新实践过程中不断进行反思和总结，摸索出符合市场规律的创新经验。其次，减少非理性冲动，遵循市场经济规则。我国民营企业家长期低端发展和粗放型经营模式已经难以在激烈的全球化竞争中立足，民营企业家必须树立理性和科学的竞争精神，从创新生态系统的整体构架进行分析，优化创新生态位，提高对创新环境的适应性，从而不断推动民营企业的持续创新。最后，追求企业家的精神内涵。我国民营企业家的创新动力更多地来自于对物

质的追求，而非精神追求。民营企业家应更多地学习西方发达国家的企业家精神，着重培养创新精神、竞争意识、奉献精神等，这将是一个比较漫长的学习和实践过程。另外，提高自身素质与修养，使民营企业家从创新过程中得到精神满足，而对不符合市场规则的行为如假冒伪劣、恶意模仿等，从内心里承认其是错误的、不道德的、应该受到惩罚的，由此完成民营企业家自我约束与激励。

6.1.3 强化道德意识，积极履行社会责任

公平竞争的创新环境除了要依靠法律法规的约束和政府机构的监督外，还要依靠民营企业家的道德意识和社会责任感来维护。目前我国民营企业家道德滑坡，社会责任感不强，一方面已经使部分消费者对国产商品丧失信心，阻碍了创新产品的商业化进程；另一方面，在与其他创新主体的合作中，减弱了彼此的信任程度，降低了合作创新的效率。

民营企业家应履行的社会责任主要包括以下几个方面：第一，在创新活动中，遵纪守法，诚信经营，保证产品货真价实，保护消费者权益，同时接受政府相关部门的监督，维护市场正常秩序；第二，对企业员工负责，给予企业员工合理的劳动报酬，合理安排工作时间，保障员工在劳动过程中的健康与安全等；第三，保护环境，随着我国自然环境的日益恶化和自然资源的不断枯竭，环境与资源已经成为我国经济发展的瓶颈，民营企业家应担负起保护环境的重责，在创新过程中减少资源消耗量，做到可持续创新；最后，我国作为人口大国，区域间贫富差距还很明显，民营企业家有责任把利润中的一部分回馈给社会，扶贫济困，促进社会健康和谐发展。

6.2 企业层面的对策

民营企业是民营企业家创新精神和行动的载体，是面向市场的创新主体，决定着创新生态系统的功能发挥和进化过程。针对民营企业内部，民营企业家应通过调整优化创新生态位，保障研发的资金、人力投入，培育企业创新文化，重塑组织构架和强化创新合作等措施增加对创新环境的适应性，推进企业持续创新。

6.2.1　科学设定创新生态位

创新生态位是民营企业自身创新综合能力与创新环境间相互作用的动态演化结果。为了尽量避免或减少由于生态位重叠而争夺有限创新资源所带来的激烈竞争，民营企业家应根据创新环境的变化适时调整自身的创新技术路线，从而避免本企业创新生态位与其他企业创新生态位过度重合。民营企业家应根据行业和自身发展特点，敏锐捕捉市场创新动向，寻找合适的技术路线，占据创新生态系统中的理想生态位，避免创新生态位重叠带来的过度竞争。如在创新要素资源丰富或政策法规环境优越等创新环境成熟度水平较高的地区，一些具备一定研发基础的高技术民营企业，应在借助外部创新资源的基础上坚持自主研发。而在创新资源较为贫乏的地区，一些劳动密集型的或研发基础薄弱的民营企业可以更多地借助合作开发来提高创新能力。

6.2.2　保障创新资金投入

任何创新活动都是高风险、高投入的过程，而对于我国绝大多数民营企业家来说，创新资金是严重匮乏的创新资源。创新资源的获取渠道有两种：内部合成和外部吸收。一方面，民营企业家需要从企业内部加大对创新活动的资金投入，每期按照一定的比率从销售收入中提取一部分计入研发准备金，保证研发活动的顺利进行；另一方面，要从外部创新环境中拓展资金获取渠道。渠道一是民营企业可在中小板或创业板上市，获得社会融资资金。渠道二是对于拥有较好的远期收益且高风险的项目，可以争取风险投资家的投资。渠道三是借助国家对企业创新的支持，可以自主申请或在中介机构的帮助下申请国家创新项目，获得国家提供的项目资金支持；也可以重点选择符合国家政策支持的创新材料、创新技术等进行研发，从而争取税收优惠或政府补贴。

6.2.3　培养与激励创新人才

人力资源是一切创新活动的最终实践者，民营企业家不仅要从企业外部吸引高端人才，还要在企业内部培养适合企业实际发展情况的内部人才，同时激励创新人才发挥最大效能，推进企业创新活动的顺利开展。首先，从外部吸引企业所需的创新人才，尤其是高级研发人员和创新组织管理者，可灵活运用提供较为优厚的薪酬待遇、发挥企业家的个人感召力，与高校联合培养等方式。如果民营企业所在地并非人才密集区，可以考虑在人才丰富的大型城市建立研发中心，就近吸引当地人才。其次，从内部发掘创新人才，除了少数的几家大型民营企业，我国大多数民营企业对人才的吸引力十分有限，民营企业家应从企业内部着手，通过定期的在职培训等形式发掘内部员工的潜力。最后，通过激励措施留住人才。制定创新薪酬激励制度，对于有创新贡献的员工给予物质奖励和精神褒奖，如奖金、技术入股、宣传先进事迹等。给予企业员工一定的授权空间（时间、资金等），也能有效激励员工的创造性。

6.2.4 培育企业创新文化

企业文化虽然不能直接改变民营企业的创新惯例，形成直接的进化动力；但是，企业文化能够引导员工的思想，激励和约束员工行为，以企业创新目标为导向，将员工紧紧地凝聚在一起。培养企业创新文化可以分为企业内部文化和企业外部文化两方面。企业内部文化是指在企业内部努力营造适合创新的企业文化，这是一个长时期的循序渐进的过程，具体内容包括：宣传创新对于企业发展的重要性，使每一个员工认识到创新与自己的未来发展息息相关；强调每一个员工都是具有不同思想的创新个体，都会给企业创新带来不同的贡献；突出团队的力量，相互扶持的团队创新能力将远大于个体创新之和；包容创新失败，并不断从失败中吸取经验；借助企业内部交流平台加强知识和信息的流动等。当学习和创新成为企业员工的自发行为，企业员工就成为了最重要的创新思想源和最有利的创新进程推动者。企业外部文化是指企业员工与其他创新主体间的文化交流与融合。在创新生态系统中，民营企业需要不断从外部创新环境中吸收创新资源，在与其他创新主体的合作中，不仅需要合作协议的硬性约束，更需要企业员工诚信、包容的创新文化作为润滑剂，一旦在创新过程中出现意见分歧或冲突，也要能够通过及时的沟通和交流来解决问题。这些都依赖于外部创新文化的孕育。

6.2.5 重构组织结构

任何创新活动都需要人才、资金、知识等创新要素的投入，而这些要素一般分散在民营企业的各个不同部门中，如采购部、财务部、客服部、生产部、销售部等。企业创新活动需要将这些创新资源整合在一起，共同完成某个创新项目。民营企业家应赋予创新项目负责人足够的权限，使其能够跨部门调动企业内部的创新资源。对于有条件的民营企业应在企业内设立独立的研发部门，企业向研发部门投入相当的创新资金，招聘专业研发人员，研发部门直接向企业最高领导者负责，保证民营企业家能够及时掌握研发动向。在所有的创新资源中，信息和知识是最特殊的，信息和知识的流动既不需要项目负责人的调动，也不可能固定于某个部门，民营企业应借助现阶段迅速发展的信息技术，搭建企业内部的跨部门信息交换平台——最常见的是企业内联网和外联网，促进信息和知识突破企业边界和部门边界，在创新生态系统的各个创新主体间和民营企业内部各个不同的部门间自由流动。

6.2.6　强化创新合作

民营企业自主创新需要投入大量知识、人力、资金等创新资源，并伴随着巨大的研发风险，研发合作是减少企业创新成本、降低创新风险的有效手段。首先，从创新生态链角度看，任何创新都不可能是某家企业独自完成的，还需要其他相关企业的创新相配合。民营企业可以通过项目合作、战略联盟等形式与上下游企业形成互利共生的合作体，密切关注客户和市场的动向；同时，节约研发成本，提高研发效率。其次，加强与其他相关企业的横向创新合作。借助于政府创新促进政策，在深层次上进行全面的创新合作。民营企业家应慎重选择合作伙伴，将选择重点放在那些具备互补性创新资源，且企业技术战略、创新文化、组织管理等方面与本企业相似的企业。最后，应充分利用高校和科研机构的创新资源，合作创新。高校和科研机构具备大多数民营企业难以企及的人才优势、知识优势和设备优势，民营企业可以通过科研项目、联合开发、校企合作经济体等多种方式进行合作创新。

6.3　社会结构化层面的对策

民营企业家创新生态系统是创新主体和创新环境之间以共同的社会和经济目标为导向，相互依赖、相互作用，具有生态功能的创新体系。创新环境为民营企业家的创新活动提供必要的创新资源，决定民营企业家可能占据的创新生态位，同时也制约着创新活动的效率和成败。提升民营企业家创新生态系统成熟度水平，需要优化社会结构，营造有利于民营企业家创新与发展的创新环境。

6.3.1 优化创新资源供给

在民营企业家创新生态系统中，民营企业家需要从创新环境中获得必要的创新资源，如人才、资金、信息等，并将这些创新资源经过企业内部消化吸收后产生创新成果。在这个过程中，民营企业家能否从创新环境中获得充足的创新资源是十分重要的。

首先，丰富民营企业创新资金来源。加快建设民营企业，尤其是中小型民营企业的信用担保体系，通过设立企业互助基金、企业创新信用担保基金等形式，使民营企业获得更多的银行创新贷款；完善债券交易市场，鼓励有条件的民营企业通过发行债券筹集创新资金；继续探索适合我国民营企业的风险投资渠道，使其服务于民营企业创新活动；发掘民间资本和社会资本潜力等。其次，加快产、学、研间的创新资源转移。积极发挥高校和科研机构的知识优势和人才优势，通过大学科技园、科研创新项目合作等方式，促进创新精神、创新知识、创新人才等创新优势资源与民营企业创新需求的对接。最后，加速信息共享与流动。通过建立企业外联网或借助于公共的互联网平台，减少信息不对称，加快民营企业家创新生态系统内不同主体间的信息共享和信息流动，使民营企业家可以随时与位于不同地理区位的创新主体进行信息共享与交流，包括获得创新产业链上的最新变动信息（如市场需求变动、原材料价格变动），竞争对手的信息、合作伙伴的信息，以及金融、政府等部门的信息等。

6.3.2 培育创新型社会文化环境

社会文化虽然不具备机构实体，但却构成了民营企业家创新生态系统的"软实力"。不同区域的不同社会文化构成了该区域最难模仿的、最核心的竞争优势，同时也是最宝贵的创新要素。培育创新型社会文化氛围，对于提升民营企业家创新精神、推动创新活动的产生，以及促进创新主体间的相互融合等具有非常重要的作用。创新型社会文化包括破除"官本位"思想，明确企业家才是市场经济的真正主体、国家发展的驱动力的基本认识；提倡创新和创业，树立勇于冒险、敢闯敢拼的激情斗志；强化合作意识，只有通过与其他创新主体的合作才能获得充足的创新资源，维持创新活动的顺利开展；宽容失败，创新是高风险的活动，失败是不可避免的，关键是要从失败中吸取经验等。

打造创新型社会文化环境需要全社会的积极配合，包括政府倡导、文化产业积极响应、民营企业家主动转型等。在这一过程中，高校和科研机构是最重要的参与者，是创新知识的源头、创新人才的培养摇篮和创新能量的推动器。在高校教育体系中强化创新与创业教育，强化创新理论知识学习的同时增加实践教学环节，同时培养学生的创新精神和创业实践能力。鼓励高校师生与企业家的交流，将创新文化渗透到企业和社会中。

6.3.3　完善中介和技术服务体系

从研发试验到产品商业化，任何民营企业都不可能单纯依靠自身独立完成全部的创新环节，需要从创新环境获得互补性创新资源的支持。完善中介机构和技术服务体系是促进民营企业家从创新环境的要素市场中获得必要的人才、技术、知识等创新资源的重要手段。中介机构指将系统中不同创新主体联系在一起的各类机构，包括行业协会、咨询公司、猎头公司、事务所等。技术服务体系指为企业提供各种技术服务的营利和非营利机构，包括孵化器、公共技术服务平台、技术交流中心、技术培训机构等。中介和技术服务机构应发挥各自的优势，更好地服务于民营企业创新活动。例如，通过行业协会加强民营企业与其他创新主体的联系，同时规范和约束民营企业的创新行为；咨询公司为民营企业解决创新管理方面的问题；公共技术服务平台能够帮助民营企业完成技术改造和技术升级，弥补大多数民营企业研发能力薄弱的缺陷。借助于中介和技术服务体系，民营企业家可以更好地以市场为导向进行创新活动，逐渐摆脱对政府的依赖。

发展完善中介和技术服务体系应做好以下几方面工作：一是政府逐渐与中介和服务机构脱钩，将其推向市场化运作，同时做好中介与技术服务机构的信誉评价、人员培训等配套工作；二是充分发挥高校和科研机构的作用，高校和科研机构是人才之源、知识之源，应加强高校和科研院所与技术服务体系的对接，鼓励工程师、经济学者、科学家等专业人员为民营企业提供技术服务；三是大力发展公共技术平台，技术创新活动具有明显的阶段性，在某一时期，同一行业不同企业往往需要相同的技术，即共性技术，利用公共技术平台研发共性技术能够很好地降低民营企业的创新成本，提高创新效率。

6.4 国家制度层面的对策

在我国民营企业家创新生态系统中，国家的相关政策制度与法律法规对民营企业家的创新活动具有很强的导向性。提升我国民营企业家生态系统成熟度的国家制度策略，政府机构需要重点完善以下几方面的政策：

6.4.1 完善财税扶持制度

完善对民营企业家创新活动的财税扶持制度，拓展创新资金来源，降低创新风险。首先，继续加大和完善对民营企业创新项目的支持力度。鼓励民营企业家积极参与国家科技计划和科技项目，为更多的民营企业家提供创新资金支持。科技项目监管机构应严把审核关，真正筛选出具有理论前瞻性和市场潜力的项目，并督促科研成果转化情况。国家对创新项目的支持应重点向两方面倾斜，一方面是重大科技难题和基础研究，这些项目投入大、周期长，超过了大多数民营企业的能力范围，国家应拨出专项资金进行支持；另一方面是中小型民营企业的科技项目，中小型民营企业创新资金瓶颈尤为明显，迫切需要外部创新资金的支持。其次，建立灵活的创新税收优惠政策。如允许对科研设备进行加速折旧，研发费用按照一定比率抵扣应纳所得税，减免科研设备和材料的进口关税和增值税，减免研发厂房的建设配套费等。最后，通过政府采购支持创新产品。在政府采购过程中，优先采购那些民营企业自主研发的产品，提高民营企业创新产品的市场需求量，增强民营企业家的创新动力。

6.4.2 打造多渠道融资体系

在我国目前的民营企业家创新生态系统中，金融机构能够为民营企业家提供的创新资金十分有限，应从增加该种群生物数量和加强金融机构与民营企业合作关系上来改变这一状况。一方面，拓展多种融资渠道，增加融资机构物种数量。逐步开放银行市场，调整融资机构市场准入办法，加快发展中小型融资机构的步伐；加快资本市场、证券市场的建设，使之成为新的创新资金来源。另一方面，政府通过贴息、担保等多种方式促进金融机构与民营企业形成更为紧密的合作关系。鼓励银行加大对民营企业创新活动的支持力度，从根本上讲，要深化银行的产权制度改革，只有银行真正按照市场规律运行，民营企业成为其重要的利润来源，才有与民营企业成为合作伙伴的意愿。在此基础上，对于大中型信用较好的民营企业，国家可通过贴息等方式鼓励银行对其创新活动进行贷款；对于中小型民营企业，通过建立市场化担保体系、联保贷款等形式取得创新资金。

6.4.3　提高政府服务水平

在我国目前的民营企业家创新生态系统中，政府机构缺位，错位现象严重，同时控制着关键性的创新资源，民营企业家面临的自然选择压力过大，从而使自主选择意愿受到抑制。政府机构应尽快提高服务水平，营造健康规范的市场环境。首先，强化政府服务职能。明确各级政府与市场的关系，退出市场竞争，提高服务意识，加强监管力度，利用信息技术努力提供更加公平、透明的服务。其次，拓宽市场准入范围，消除行业壁垒。有计划、有步骤地开放社会领域产业、垄断产业和公共基础设施产业，引导民营企业家参与医疗、教育、电力、航空、铁路等产业的竞争，建立更加公平的市场竞争环境。再次，加强对政府官员的监管力度。为保证政府官员对国家政策的执行效果，应进一步发挥上层监管与基层监督的双重作用，杜绝政府官员的"寻租"行为。最后，疏通政企信息沟通渠道。利用现代通信技术搭建政务信息平台，及时公开政务信息，尤其是政策方向等对创新决策具有重大影响的敏感信息，避免出现信息"寻租"陷阱；同时，接收来自于基层民营企业的反馈信息，了解市场运行状况，及时调整政府相关政策。

6.4.4　大力发展人才培育机制

民营企业创新活动中创新人才匮乏，高端创新人才尤甚。培养高端创新人才需要从教育源头入手。首先，国家应加大对教育的财政投入，合理分配教育资源。在保证基础教育的前提下，加大对高等教育的投入力度，培养掌握尖端技术的研发人员和创新的组织领导者。其次，维护教育的独立性。减少对教育的行政干预，给予教育更多的自由空间，让真正的教育家决定如何办学、如何培养创新性人才。再次，制定相关政策鼓励创新人才到民营企业去就业。政府牵头，通过科技项目将高校、科研机构、民营企业联系起来，培养符合民营企业创新需求的人才。

6.4.5　加快法律法规建设步伐

在创新主体的竞合关系中，较低的模仿成本会加剧创新生态位的重叠，引发不必要的激烈竞争，同时削弱民营企业家自主创新和合作创新的动力。为营造公平竞争的民营企业家创新生态系统环境，保护民营企业家创新活动的合法权益，一方面需要完善立法。必须加快制定和完善知识产权法、专利法、商标法、反不正当竞争法等相关法律法规体系的建设。随着互联网技术的应用和普及，知识传播速度迅速提高，各种新技术、新发明正以前所未有的速度出现在各个领域，应及时扩充知识产权法及其他相关法规的内容，避免由于法规滞后给民营企业带来损失。另一方面，需要严格执法。对于恶性竞争、侵犯知识产权的行为进行严厉打击，增加模仿成本，确保民营企业家的创新收益得到有效保障，从而提高民营企业家创新的信心和积极性。

6.4.6　协调创新主体间的资源分配

民营企业家创新生态系统是由创新主体和创新环境共同构成的整体，在任何地区内，创新环境中所蕴含的创新资源都是有限的，为使民营企业家能够获得充足的创新资源，政府应通过相关政策协调创新资源在不同创新主体间的分配，具体来说包括以下内容：鼓励高校和科研院所与民营企业进行创新合作与交流，弥补民营企业创新资源的短板，帮助民营企业家解决实际创新难题；鼓励高校和科研院所将基础性研究成果应用于民营企业的实际创新活动；鼓励民营企业家进行外部研发投资，引进先进技术并加强与其他创新主体的交流与合作。另外，科技中介机构能够为民营企业家提供多种科技服务，如提供专利服务、科技项目申报与咨询服务、技术产权交易服务、科技评估服务等。这在优化创新资源配置、提高创新效率方面起到了不可替代的作用。政府应制定相关政策鼓励科技中介机构的发展，增加服务种类，使其成为民营企业家创新活动的助推器。

第 7 章

结论与展望

7.1 研究的主要工作及其结论

在新的发展阶段，民营企业家能否实现持续有效的创新是我国经济转型的关键。民营企业家创新成败不仅受到自主选择的影响，还受到自然选择的影响。本书在对已有企业家创新生态系统相关研究现状进行综述的基础上，界定民营企业家创新生态系统的内涵，提炼研究范式，从创新生态位这个逻辑基点出发，构建了民营企业家创新生态系统的逻辑架构。在此基础上，将能力成熟度模型与创新生态系统理论相结合，构建了民营企业家创新生态系统成熟度评价模型，应用此模型对我国不同区域的民营企业家创新生态系统进行了成熟度测算，最后提出完善我国民营企业家创新生态系统和提升成熟度等级的对策。研究的主要工作及其结论如下：

第一，借鉴创新生态系统研究范式，构建 NSE 企业家创新生态系统的研究范式，即生态位（Niche）—选择（Selection）—进化（Evolution）。其基本思想是：在企业家创新生态系统中，企业家占据特定的创新生态位，为获得更充足的创新资源，企业家不断调整创新生态位，以增强对创新环境的适应性，在自然选择和自主选择双重选择力量的共同推动下，企业家不断提升对创新环境的适应性的同时也改变着创新环境，从而推进企业家创新生态系统由低级向高级进化的过程。

第二，民营企业家创新生态系统的逻辑基点是创新生态位，其基本逻辑架构包括创新主体和创新环境两大部分，其中，民营企业家是创新生态系统的核心，创新主体可以分为内部主体和外部主体，创新环境包括要素市场环境、政策法律环境、教育文化环境及经济和基础设施环境四部分。

第三，将能力成熟度模型与创新生态系统理论相结合，构建了企业家创新生态系统成熟度评价模型（EIEMEM）。根据民营企业家创新生态系统进化的双重选择动力，确定成熟度评价模型的关键因素及其评价指标，将我国目前的民营企业家创新生态系统进化过程分为 5 个成熟度等级，以此为基础构建成熟度评价模型。成熟度等级评价方法采用主成分分析法对关键因素的评价指标赋权后测算单因素成熟度水平，进一步地采取合成方法通过单因素成熟度测算系统成熟度。

第四，我国民营企业家创新生态系统成熟度实证分析结果。应用我国内地 31 个省（市、区）2015 年的相关数据对各地区民营企业家创新生态系统成熟度进行了实证分析，结果表明：

系统成熟度水平居全国前 6 位的分别是北京、上海、浙江、江苏、天津和广东，且成熟度水平要明显高于其他地区。自主选择单因素成熟度处于协同进化级的地区包括浙江、北京、江苏和上海，处于优化级的是天津、广东和重庆。自然选择单因素成熟度得分最高的是北京，是唯一处于协同进化级的地区；上海是唯一处于优化级的地区；处于规范级的地区包括浙江、广东、天津和江苏。说明北京、上海、浙江、广东、天津、江苏的民营企业家创新生态系统进化水平明显高于其他地区。这些地区的自主选择成熟度水平差别不大，而北京的自然选择成熟度要明显高于其他地区，表明北京地区的创新环境具有明显优势。

自主选择单因素成熟度结果表明，在我国民营企业家创新生态系统中，只有 7 个地区的自主选择单因素成熟度处于最高两级成熟度水平，仅占 22.6%；处于创业精神生态因子成熟度最高两级的地区仅占 12.9%；处于创新投入生态因子成熟度最高两级的地区仅占 16.1%；处于创新产出生态因子成熟度最高两级的地区仅占 12.9%。由此可见，我国大部分地区的民营企业家自主选择进化动力不足，民营企业家缺乏创新精神，创新投入十分有限，创新收益难以成为民营企业竞争优势和利润的主要来源。

自然选择单因素成熟度结果表明，在我国民营企业家创新生态系统中，处于自然选择单因素成熟度等级前两级的地区仅占 6.5%；处于要素市场生态因子成熟度最高两级的地区仅占 12.9%，处于前三级的地区占 22.6%；处于政策法律生态因子成熟度最高两级的地区仅占 9.7%；处于教育文化生态因子成熟度最高两级的地区仅占 6.5%；处于经济和基础设施生态因子成熟度最高两级的地区仅占 9.6%。由此可见，除少数几个区域外，我国大部分地区的创新资源成熟度水平偏低，创新资源供给不足，政策法律环境支撑不足，教育文化环境有待提高。

第五，完善我国民营企业家创新生态系统并给出提升成熟度的对策。各地应根据自身具体情况分析存在的创新短板，分别从企业家个人层面、企业层面、社会结构化层面和国家制度层面逐步完善我国民营企业家创新生态系统。企业家个人层面对策包括：转变心智模式，遵循市场经济规则；提高素质修养，完善自我约束与激励；强化道德意识，积极履行社会责任等。企业层面对策包括：科学设定创新生态位，保障创新资金投入，培养与激励创新人才，培育企业创新文化，重构组织结构和强化创新合作等。社会结构化层面对策包括：优化创新资源供给，培育创新型社会文化环境，完善中介和技术服务体系等。国家制度层面对策包括：完善财税扶持制度，打造多渠道融资体系，提高政府服务水平，大力发展人才培育机制，加快法律法规建设步伐等。

总之，采用创新生态系统研究范式对我国民营企业家创新活动进行分析可以看出，来自创新环境的自然选择驱动力和来自民营企业家的自主选择力共同决定了民营企业家创新生态系统的进化水平。进一步量化分析发现，我国不同地区的民营企业家创新生态系统成熟度存在明显差异，各地通过分析单因素成熟度水平，找出创新薄弱环节，从而有针对性地从民营企业家个人、民营企业、社会结构化和国家制度四个层面进行完善和提升。

7.2 研究不足与未来展望

从创新生态系统角度对我国民营企业家创新活动进行研究是一个崭新的课题，本书仅是对该研究领域的初步尝试，研究深度和研究范围都存在较大提升空间。归纳起来，本书存在以下三方面不足，未来需做进一步地深入研究。

第一，创新生态系统理论研究尚处于初级阶段，受此影响，本书对我国民营企业家创新生态系统的理论构建还不完善，今后可借鉴生态学理论与模型，深入挖掘民营企业家创新生态系统的运行机制，探索我国民营企业家的生态困境及其出路和对策。

第二，民营企业家创新生态系统结构复杂，受到多种因素的共同制约，本书所构建的民营企业家创新生态系统评价指标可能存在局限性，以后尝试进一步优化指标体系。

第三，受到统计数据的限制，本书仅对我国不同地区的民营企业家创新生态系统进行了成熟度评价，而没有对全国和各地历年的成熟度进行测算。在未来的研究中，可尝试应用不同的指标体系，进一步对系统成熟度的历史演化轨迹进行研究。

参 考 文 献

[1] Abdullah, F, Hamali, J & Deen, A R et al. Developing a framework of success of Bumiputera entrepreneurs [J]. Journal of Enterprising Communities: People and Places in the Global Economy, 2009, 3 (1): 8 – 24.

[2] Adner, R & Kapoor, R. Value creation in innovation ecosystems: How the structure of technological interdependence affects firm performance in new technology generations [J]. Strategic management journal, 2010, 31 (3): 306 – 333.

[3] Adner, R. Match your innovation strategy to your innovation ecosystem [J]. Harvard Business Review, 2006, 84 (4): 98.

[4] Andriopoulos, C & Lewis, M W. Exploitation-exploration tensions and organizational ambidexterity: Managing paradoxes of innovation [J]. Organization Science, 2009, 20 (4): 696 – 717.

[5] Arribas, I Hernández, P & Vila, J E. Guanxi, performance and innovation inentrepreneurial service projects [J]. Management Decision, 2013, 51 (1): 173 – 183.

[6] Asheim, B T & Coenen, L. Knowledge bases and regional innovation systems: Comparing Nordic clusters [J]. Research policy, 2005, 34 (8): 1173 – 1190.

[7] Baumol, W J. Entrepreneurship, management and the structure of payoffs [M]. Cambridge, MA: MIT press, 1993.

[8] Beaver, G & Prince, C. Innovation, entrepreneurship and competitive advantage in the entrepreneurialventure [J]. Journal of Small Business and Enterprise Development, 2002, 9 (1): 28 – 37.

[9] Berg P Leinonen M. Assessment of quality and maturity level of R&D [J]. Production Economics, 2002, (78): 29 – 35.

[10] Bergek, A Jacobsson, S Carlsson, B et al. Analyzing the functional dynamics of technological innovation systems: A scheme of analysis [J]. Research pol-

icy, 2008, 37 (3): 407 −429.

[11] Bessen, J & Maskin E. Sequential innovation, patents, and imitation [J]. The RAND Journal of Economics, 2009, 40 (4): 611 −635.

[12] Block, F & Keller, M. Where do innovations come from? Transformations in the US national innovation system, 1970 −2006 [EB/01]. http: //www. longviewinstitute. org/, 2008. 09. 07.

[13] Boyles, J E, Cairns G, De Grosbois J, et al. Assessment of the organisation's knowledge management maturity. International Journal of Nuclear Knowledge Management [J]. 2008, 3 (2): 170 −182.

[14] Caiazza, R & Volpe, T. Main rules and actors of Italian system of innovation: how to become competitive in spin-off activity [J]. Journal of Enterprising Communities: People and Places in the Global Economy, 2014, 8 (3): 188 − 197.

[15] Carnegie Mellon University Software Engineering InstitutE. The capability maturity model: Guidelines for improving the software orocess [M]. Beijing: Ren min University of Posts and Telecommunications Press, 2002.

[16] Casson, M. The entrepreneur: an economic theory [M]. Martin Robertson, 1982: 418.

[17] Chen, C & Huang, J. Strategic human resource practices and innovation performance −The mediating role of knowledge management capacity [J]. Journal of Business Research, 2009, 62 (1): 104 −114.

[18] Christensen C M. The innovator's dilemma when New technologies cause great firms to fail [M]. Boston: Harvard Business School Press, 1997: 85 −101.

[19] Christensen, C M. The ongoing process of building a theory of disruption [J]. Journal of Product Innovation Management, 2006, 23 (1): 39 −55.

[20] Coad, A & Rao, R. Innovation and firm growth in high-tech sectors: A quantile regression approach [J]. Research Policy, 2008, 37 (4): 633 −648.

[21] Cooke −Davies T J & Arzymanow A. The maturity of project management in different industries [J]. International journal of project management, 2003, 21 (6): 471 −487.

[22] Criscuolo, C Haskel, J E & Slaughter, M J. Global engagement and the innovation activities of firms [J]. International Journal of Industrial Organization, 2010, 28 (2): 191 −202.

［23］ Crossan, M M, Apaydin, M A. Multi-dimensional framework of organizational innovation: A systematic review of the literature ［J］. Journal of Management Studies, 201047 (6): 1154 − 1191.

［24］ Cukier, W, Fox, V& Rahnama, H. Building human infrastructure for the digital economy: Ryerson's digital media zone ［A］. Hercheui, M D, Whitehouse, D, JR Mciver, W et al. ICT critical infrastructures and society ［C］. Amsterdam, The Netherlands: Springer Berlin Heidelberg, 2012: 156 − 169.

［25］ Curtis, B, Hefley, W & Miller S A. People capability maturity model version 210 ［M］. Pitts-burgh: Carnegie Mellon Software Engineering Institute, 2001: 1 − 104, 240 − 266.

［26］ Dahlander, L & Gann, D M. How open is innovation? ［J］. Research policy, 2010, 39 (6): 699 − 709.

［27］ Damanpour, F, Walker, R M & Avellaneda, C N. Combinative effects of innovation types and organizational performance: a longitudinal study of service organizations ［J］. Journal of Management Studies, 2009, 46 (4): 650 − 675.

［28］ Davies, J, Hides, M & Powell, J. Defining the development needs of entrepreneurs in SMEs ［J］. Education Training, 2002, 44 (8/9): 406 − 412.

［29］ Denning, S. Customer preeminence: the lodestar for continuous innovation in the business ecosystem ［J］. Strategy & Leadership, 2015, 43 (4): 18 − 25.

［30］ Desouza, K C. Knowledge management maturity mode: Theoretical development and preliminary empirical testing ［D］. Dissertation Paper. Chicago: University of Illinois at Chicago, 2006.

［31］ Doris, O G & Irena, K. The influence of personal and environmental factors onentrepreneurs' performance ［J］. Kybernetes, 2013, 42 (6): 906 − 927.

［32］ Drucker, P F. Entrepreneurship and innovation: practice and principles ［M］. New York: Harper Business, 1995.

［33］ Dvir, R & Pasher, E. Innovation engines for knowledge cities: an innovation ecology perspective ［J］. Journal of Knowledge Management, 2004, 8 (5): 16 − 27.

［34］ Edquist C. Systems of innovation perspectives and challenges ［J］. African Journal of Science, Technology, Innovation and Development, 2010, 2 (3): 14 − 45.

［35］ Enkel, E, Gassmann, O & Chesbrough, H. Open R&D and open innovation: exploring the phenomenon [J]. R&D Management, 2009, 39 (4): 311 – 316.

[36] Esty, D C & Porter, M E. Industrial ecology and competitiveness [J]. Journal of Industrial Ecology, 1998, 2 (1): 35 – 43.

[37] Fabrizio, K R. Absorptive capacity and the search for innovation [J]. Research Policy, 2009, 38 (2): 255 – 267.

[38] Fagerberg, J & Srholec, M. National innovation systems, capabilities and economic development [J]. Research policy, 2008, 37 (9): 1417 – 1435.

[39] Ferri, P J, Deakins, D & Whittam, G. The measurement of social capital in theentrepreneurial context [J]. Journal of Enterprising Communities: People and Places in the Global Economy, 2009, 3 (2): 138 – 151.

[40] Georgellis, Y, Joyce, P & Woods, A. Entrepreneurial action, innovation and business performance: the small independent business [J]. Journal of Small Business and Enterprise Development, 2000, 7 (1): 7 – 17.

[41] Griffiths, M D, Gundry, L, Kickul, J et al. Innovation ecology as a precursor to entrepreneurial growth: a cross-country empirical investigation [J]. Journal of Small Business and Enterprise Development, 2009, 16 (3): 375 – 390.

[42] Gumusluoglu, L & Ilsev, A. Transformational leadership, creativity, and organizational innovation [J]. Journal of Business Research, 2009, 62 (4): 461 – 473.

[43] Hather, R M, Burd, E L & Boldyreff, C A. Method for application management maturity assessment [J]. Information and Software Technology, 1996, 38 (11): 701 – 709.

[44] Hawley, V J & Kubicki, C. Addressing the aging workforce crisis: Using people – CMM [R]. Tennessee: SEPG Conference, 2006.

[45] Hefley, W & Curtis, B. People – CMM2. 0 based assessment method description [R]. Software Engineering Institute, Carnegie Mellon University, 1998.

[46] Hekkert, M P & Negro, S O. Functions of innovation systems as a framework to understand sustainable technological change: Empirical evidence for earlier claims [J]. Technological Forecasting and Social Change, 2009, 76 (4): 584 – 594.

[47] Hekkert, M P, Suurs, R A, Negro, S O et al. Functions of innovation systems: A new approach for analysing technological change [J]. Technological

Forecasting and Social Change, 2007, 74 (4): 413 – 432.

[48] Henderson, J. Building the rural economy with high-growth entrepreneurs [J]. Economic review, 2002, 87 (3): 45 – 70.

[49] Howells, J, Ramlogan, R & Cheng, S L. Universities in an open innovation system: a UK perspective [J]. International Journal of Entrepreneurial Behavior & Research, 2012, 18 (4): 440 – 456.

[50] Hughes, B & Wareham, J. Knowledge arbitrage in global pharma: a synthetic view of absorptive capacity and open innovation [J]. R&D Management, 2010, 40 (3): 324 – 343.

[51] Huizingh, E K. Open innovation: State of the art and future perspectives [J]. Technovation, 2011, 31 (1): 2 – 9.

[52] Hull, C E & Rothenberg, S. Firm performance: the interactions of corporate social performance with innovation and industry differentiation [J]. Strategic Management Journal, 2008, 29 (7): 781 – 789.

[53] Jensen, M B, Johnson, B, Lorenz E, et al. Forms of knowledge and modes of innovation [J]. Research policy, 2007, 36 (5): 680 – 693.

[54] Jiao, H Ogilvie, D & Cui, Y. An empirical study of mechanisms to enhance entrepreneurs' capabilities through entrepreneurial learning in an emerging market [J]. Journal of Chinese Entrepreneurship, 2010, 2 (2): 196 – 217.

[55] Jon – Arild, J. Innovation: a systemic perspective – developing a systemic innovation theory [J]. Kybernetes, 2013, 42 (8): 1195 – 1217.

[56] Karakas, F. Welcome to world 2.0: The new digital ecosystem [J]. Journal of Business Strategy, 2009, 30 (4): 23 – 30.

[57] Khalfan, M M A & McDermott, P. Innovating for supply chain integration within construction [J]. Construction Innovation, 2006, 6 (3): 143 – 157.

[58] Kirzner, I M. Competition and entrepreneurship [M]. Chicago: University of Chicago press, 1978.

[59] Kirzner, I M. Discovery and the capitalist process [M]. Chicago: University of Chicago Press Chicago, 1985.

[60] Koellinger, P. Why are some entrepreneurs more innovative than others? [J]. Small Business Economics, 2008, 31 (1): 21 – 37.

[61] Kulkarni, U & Robert, St Louis. Organizational self assessment of knowledge management maturity [C]. Proceeding of the 9th Americas Conference on

Information Systems, 2003.

[62] Leibenstein, H. Entrepreneurship and development [J]. American Economic Review, 1968, 58: 72 – 83.

[63] Leibenstein, H. Entrepreneurship and development [J]. The American Economic Review, 1968, 58 (2): 72 – 83.

[64] Leiponen, A & Helfat, C E. Innovation objectives, knowledge sources, and the benefits of breadth [J]. Strategic Management Journal, 2010, 31 (2): 224 – 236.

[65] Li, X & Feng, J. Enterprise technology management maturity model and application [J]. Canadian Social Science, 2010, 3 (2): 23 – 30.

[66] Lichtenthaler, U. Open innovation in practice: An analysis of strategic approaches to technology transactions [J]. Engineering Management, IEEE Transactions on, 2008, 55 (1): 148 – 157.

[67] Lichtenthaler, U & Lichtenthaler, E A. Capability – Based framework for open innovation: Complementing absorptive capacity [J]. Journal of Management Studies, 2009, 46 (8): 1315 – 1338.

[68] Lundvall B. National innovation systems—Analytical concept and development tool [J]. Industry and innovation, 2007, 14 (1): 95 – 119.

[69] Markard, J & Truffer, B. Technological innovation systems and the multi-level perspective: Towards an integrated framework [J]. Research policy, 2008, 37 (4): 596 – 615.

[70] Martin R & Moodysson, J. Comparing knowledge bases: On the geography and organization of knowledge sourcing in the regional innovation system of Scania, Sweden [J]. European Urban and Regional Studies, 2013, 20 (2): 170 – 187.

[71] McGrath, C A, Pate, L E, Gray, E R et al. Getting wired for innovation International [J]. Journal of Organizational Analysis, 2006, 14 (4): 317 – 330.

[72] Mele, C, Colurcio, M & Russo – Spena, T. Research traditions of innovation [J]. Managing Service Quality, 2014, 24 (6): 612 – 642.

[73] Members of the assessment method integrated team standard CMMI appraisal method for process improvement version 1.1. [M]. Method Definition Document Pittsburgh PA: Software Engineering Institute Carnegie Mellon University,

2001.

[74] Metcalfe, S & Ramlogan, R. Innovation systems and the competitive process in developing economies [J]. The Quarterly Review of Economics and Finance, 2008, 48 (2): 433 – 446.

[75] Mudambi, R. Location, control and innovation in knowledge-intensive industries [J]. Journal of Economic Geography, 2008, 8 (5): 699 – 725.

[76] Nambisan, S & Baron, R A. Entrepreneurship in innovation ecosystems: Entrepreneurs' self-regulatory processes and their implications for new venture success [J]. Entrepreneurship Theory and Practice, 2013, 37 (5): 1071 – 1097.

[77] Ndubisi, N O. Entrepreneurship and service innovation [J]. Journal of Business & Industrial Marketing, 2014, 29 (6): 449 – 453.

[78] Ndubisi, N O & Agarwal, J. Quality performance of SMEs in a developing economy: direct and indirect effects of service innovation and entrepreneurial orientation [J]. Journal of Business & Industrial Marketing, 2014, 29 (6): 454 – 468.

[79] Nissan, E, Galindo, M & Picazo, M. Innovation, progress, entrepreneurship and cultural aspects [J]. International Entrepreneurship and Management Journal, 2012, 8 (4): 411 – 420.

[80] Papaioannou, T, Wield, D & Chataway, J. Knowledge ecologies and ecosystems? An empirically grounded reflection on recent developments in innovation systems theory [J]. The 6th International Triple Helix Conference on University – Government – Industry Relations, 2007 (5): 16 – 18.

[81] Pekka, B, Mikko, L & Leivo, V. Assessment of quality and maturity level of R&D [J]. Production Economics, 2002, 78 (1): 29 – 35.

[82] Pennypacker, J S & Grant, K P. Invited Paper – Project management maturity: an industry benchmark [J]. Project Management Journal 2003, 34 (1): 4 – 11.

[83] Pickernell, D, Packham, G, Jones, P et al. Graduateentrepreneurs are different: they access more resources? [J]. International Journal of EntrepreneurialBehavior & Research, 2011, 17 (2): 183 – 202.

[84] Rajput, A A & Kalhoro, S H. The Impact of Macro Factors Entrepreneur, Innovation and Opportunity on Entrepreneurial Success of Smes [J]. Middle – East Journal of Scientific Research, 2014, 20 (2): 149 – 161.

[85] Ramos – Vielba, I, Fern, A & Ndez – Esquinas, M *et al.* Measuring university-industry collaboration in a regional innovation system [J]. Scientometrics, 2010, 84 (3): 649 – 667.

[86] Roper, S, Du, J & Love, J H. Modelling the innovation value chain [J]. Research Policy, 2008, 37 (6): 961 – 977.

[87] Sadowski, B. The wide lens: A new strategy for innovation [J]. Prometheus, 2013, 31 (2): 164 – 166.

[88] Santandreu – Mascarell, C, Garzon, D & Knorr, H. Entrepreneurial and innovative competences, arethey the same [J]. Management Decision, 2013, 51 (5): 1084 – 1095.

[89] Santos, F J, Romero, I & Fernández – Serrano, J. SMEs and entrepreneurial qualityfrom a macroeconomic perspective [J]. Management Decision, 2012, 50 (8): 1382 – 1395.

[90] Schwartz, D G & Doron, T. Toward a maturity model for knowledge management systems integration [J]. Annals of Infor-mation Systems, 2009 (4): 59 – 78.

[91] Shaughnessy, H. Recognizing the ecosystem phase-change: A guide to four types [J]. Strategy & Leadership, 2014, 42 (1): 17 – 23.

[92] Smith, D A & Lohrke, F T. Entrepreneurial network development: Trusting in the process [J]. Journal of Business Research, 2008, 61 (4): 315 – 322.

[93] Smith, J M. Evolution and the theory of games [M]. Cambridge University Press, 1982, p. 224.

[94] Spithoven, A E. Clarysse B, Knockaert M. Building absorptive capacity to organise inbound open innovation in traditional industries [J]. Technovation, 2011, 31 (1): 10 – 21.

[95] Stamm, B V. Leadership for innovation: What you can do to create a culture conducive to innovation [J]. Strategic Direction, 2009, 25 (6): 13 – 15.

[96] Steiber, A & Alänge, S. A corporate system for continuous innovation: The case of Google InC. [J]. European Journal of Innovation Management, 2013, 16 (2): 243 – 264.

[97] Stephens, S. Building an entrepreneurial network: The experiences of immigrant entrepreneurs [J]. Journal of Enterprising Communities: People and

Places in the Global Economy, 2013, 7 (3): 233 – 244.

[98] Strutt, J E, Sharp, J V Terry, E et al. Capability maturity models for offshore organisational management [J]. Environment international, 2006, 32 (8): 1094 – 1105.

[99] Tang, J, Tang, Z & Lohrke, F T. Developing an entrepreneurial typology: The roles of entrepreneurial alertness and attributional style [J]. International Entrepreneurship and Management Journal, 2008, 4 (3): 273 – 294.

[100] Tansley, A G. The early history of modern plant ecology in britain [J]. Journal of Ecology, 1947, 35 (1/2): 130 – 137.

[101] The Office of Government Commerce [OGC]. Portfolio, programme and project management maturity model (P3M3?) introduction and guide to P3M3? [M]. United Kingdom: The Office of Government Commerce, 2010.

[102] Tse, E. Grabber—holder dynamics and network effects in technology innovation [J]. Journal of Economic Dynamics and Control, 2002, 26 (9): 1721 – 1738.

[103] Van de Vrande, V, De Jong J P & Vanhaverbeke, W et al. Open innovation in SMEs: Trends, motives and management challenges [J]. Technovation, 2009, 29 (6): 423 – 437.

[104] Varis, M & Littunen, H, Types of innovation, sources of information and performance inentrepreneurial SMEs [J]. European Journal of Innovation Management, 2010, 13 (2): 128 – 154.

[105] Vives, X. Innovation and competitive pressure [J]. The Journal of Industrial Economics, 2008, 56 (3): 419 – 469.

[106] Wang, H C, Su, J Q, Gao, H l et al. Entrepreneur role analysis on adoptive management innovation: An exploratory case in China [J]. Journal of Knowledge-based Innovation in China, 2013, 5 (2): 97 – 110.

[107] Waychal, P, Mohanty, R P & Verma, A. Leading indicators of innovation as a competence for individuals: An empirical study [J]. Journal of Advances in Management Research, 2011, 8 (2): 301 – 322.

[108] Wennekers, A Uhlaner, L M & Thurik, A R. Entrepreneurship and its conditions: A macro perspective [J]. International Journal of Entrepreneurship Education (IJEE), 2002, 1 (1): 25 – 64.

[109] Zhang, D D & Bruning, E. Personal characteristics and strategic orien-

tation：Entrepreneursin Canadian manufacturing companies ［J］. International Journal of Entrepreneurial Behavior & Research，2011，17（1）：82－103.

［110］［法］萨伊. 政治经济学概论：财富的生产，分配和消费［M］. 北京：商务印书馆，1982.

［111］［美］Ron Adner. 诺基亚为什么输给苹果？［Z］. 第一财经日报，2011（2）.

［112］［美］理查德R纳尔逊. 经济变迁的演化理论［M］. 北京市：商务印书馆，1997：471.

［113］曹如中，高长春，曹桂红. 创意产业创新生态系统演化机理研究［J］. 科技进步与对策，2010（21）：81－85.

［114］曹如中，刘长奎，曹桂红. 基于组织生态理论的创意产业创新生态系统演化规律研究［J］. 科技进步与对策，2011（03）：64－68.

［115］常建坤. 中国传统文化与企业家创新精神［J］. 经济管理，2006（18）：77－81.

［116］陈畴镛，胡枭峰，周青. 区域技术创新生态系统的小世界特征分析［J］. 科学管理研究，2010（05）：17－20.

［117］陈劲，李飞. 基于生态系统理论的我国国家技术创新体系构建与评估分析［J］. 自然辩证法通讯，2011（01）：61－66.

［118］陈爽英，井润田，龙小宁，邵云飞. 民营企业家社会关系资本对研发投资决策影响的实证研究［J］. 管理世界，2010（01）：88－97.

［119］陈斯琴，顾力刚. 企业技术创新生态系统分析［J］. 科技管理研究，2008（07）：453－454.

［120］陈伟. 创新管理［M］. 北京：科学出版社，1996.

［121］陈玉和，俞其慧. 企业技术创新能力成熟度模型探析［J］. 西南交通大学学报（社会科学版），2010（05）：70－74.

［122］程承坪. 论企业家人力资本与企业绩效关系［J］. 中国软科学，2001（07）：68－72.

［123］单银根，王安，黎连业. 软件能力成熟度模型（CMM）与软件开发技术［M］. 北京：北京航空航天大学出版社，2003.

［124］丁栋虹. 论企业性质的异质型人力资本模式——兼论科斯交易费用模式的内在悖论性［J］. 财经研究，2000（05）：3－8.

［125］杜静，陆小成，罗新星. 区域创新系统的生态化问题研究［J］. 财经理论与实践，2007（03）：88－91.

[126] 段晓红，田志龙．企业家要素资源与民营高科技企业自主技术创新的关系研究 [J]．科技管理研究，2011 (21)：144 - 146.

[127] 段晓红．企业家能力与企业创新能力的关系研究 [D]．博士学位论文，华中科技大学，2010.

[128] 高波．文化、文化资本与企业家精神的区域差异 [J]．南京大学学报（哲学．人文科学．社会科学版），2007 (05)：39 - 47.

[129] 公艳，翁怀达，王成军．基于 P - CMM 的我国民营中小企业绩效管理系统设计 [J]．科技进步与对策，2010 (12)：100 - 104.

[130] 郭建斌．生态系统演进视角下的金融创新活动分析 [J]．生产力研究，2007 (07)：38 - 39.

[131] 郭俊华，白永秀．经济转型时期的企业家创新精神及其培育机制 [J]．兰州大学学报（社会科学版），2009 (06)：138 - 143.

[132] 何镜清，李善民，周小春．民营企业家的政治关联、贷款融资与公司价值 [J]．财经科学，2013 (01)：83 - 91.

[133] 何晓斌，蒋君洁，杨治等．新创企业家应做"外交家"吗？——新创企业家的社交活动对企业绩效的影响 [J]．管理世界，2013 (06)：128 - 137.

[134] 何予平．企业家精神与中国经济增长——基于 C - D 生产函数的实证研究 [J]．当代财经，2006 (07)：95 - 100.

[135] 贺立龙，朱方明，陈中伟．民营企业家创新行为障碍探析 [J]．科技管理研究，2009 (08)：406 - 408.

[136] 贺小刚，李新春．企业家能力与企业成长：基于中国经验的实证研究 [J]．经济研究，2005 (10)：101 - 111.

[137] 黄辉，梁工谦，肖茂．企业项目管理成熟度模型的构建与应用研究 [J]．管理工程学报，2005 (S1)：67 - 72.

[138] 黄鲁成，张红彩．基于生态学的通讯设备制造业的技术创新种群演化分析 [J]．中国管理科学，2006 (05)：143 - 148.

[139] 黄鲁成．论区域技术创新生态系统的生存机制 [J]．科学管理研究，2003 (02)：47 - 51.

[140] 黄鲁成．区域技术创新生态系统的特征 [J]．中国科技论坛，2003 (01)：23 - 26.

[141] 黄鲁成．区域技术创新生态系统的制约因子与应变策略 [J]．科学学与科学技术管理，2006 (11)：93 - 97.

[142] 姜卫韬. 中小企业自主创新能力提升策略研究——基于企业家社会资本的视角 [J]. 中国工业经济, 2012 (06): 107 - 119.

[143] 靳洪. 企业战略创新生态系统: 一种新的竞争模式 [J]. 统计与决策, 2011 (16): 181 - 182.

[144] 经济转型与创新: 认识、问题与对策——2013 中国企业家成长与发展专题调查报告 [J]. 经济界, 2013 (03): 75 - 96.

[145] 卡耐基梅隆大学软件工程研究所. 能力成熟度模型 CMM 软件过程改进指南 [M]. 北京: 电子工业出版社, 2001: 9 - 24.

[146] 坎蒂隆著, 余永定, 徐寿冠译. 商业性质概论 [M]. 商务印书馆, 1986.

[147] 孔宪香. 企业家人力资本创新的市场激励制度分析 [J]. 科技管理研究. 2010 (13): 184 - 187.

[148] 李东升, 杜恒波, 唐文龙. 国有企业混合所有制改革中的利益机制重构 [J]. 经济学家, 2015 (09): 33 - 39.

[149] 李宏彬, 李杏, 姚先国等. 企业家的创业与创新精神对中国经济增长的影响 [J]. 经济研究, 2009 (10): 99 - 108.

[150] 李松辉, 戚昌文, 周祖德. 区域创新系统创新能力成熟度的测定方法研究 [J]. 武汉理工大学学报 (信息与管理工程版), 2004 (01): 103 - 105.

[151] 李西垚, 弋亚群, 苏中锋. 社会关系对企业家精神与创新关系的影响研究 [J]. 研究与发展管理, 2010 (05): 39 - 45.

[152] 李霞. 基于外部性的企业家创新激励 [J]. 科技进步与对策, 2010 (10): 69 - 72.

[153] 李永安. 论我国企业家的职业化 [J]. 经济与管理研究, 1997 (03): 7 - 9.

[154] 李玉琼, 朱秀英. 丰田汽车生态系统创新共生战略实证研究 [J]. 管理评论, 2007 (06): 15 - 20.

[155] 李煜华, 武晓锋, 胡瑶瑛. 共生视角下战略性新兴产业创新生态系统协同创新策略分析 [J]. 科技进步与对策, 2014 (02): 47 - 50.

[156] 李苑凌, 李志, 张庆林. 企业家创新行为现状的调查研究 [J]. 重庆大学学报 (社会科学版), 2010 (04): 61 - 66.

[157] 李召敏. 企业家驱动型管理创新过程研究 [D]. 博士学位论文, 大连理工大学, 2011.

［158］李志．企业家创造性与创新行为和企业绩效关系的研究［D］．博士学位论文，西南大学，2008．

［159］李志强，刘春梅．基于耗散结构的企业家创新行为系统熵变模型［J］．中国软科学，2009（08）：162－166．

［160］李志强．企业家创新行为的制度分析——一个理论框架［D］．博士学位论文，北京交通大学，2008．

［161］李志强．企业家创新行为制度配置：演化的特征［J］．管理世界，2009（07）：180－181．

［162］刘寿吉，戴伟辉，沈丽冰．汽车产业自主创新的生态群落模式与对策研究［J］．上海管理科学，2008（02）：55－60．

［163］刘晓敏，郭海，胡延平．知识吸收与企业家导向对自主创新的影响研究［J］．科技进步与对策，2009（05）：126－131．

［164］刘新民，王垒，李垣．企业家类型、控制机制与创新方式选择研究［J］．科学学与科学技术管理，2013（08）：102－110．

［165］刘学理，王兴元．高科技品牌生态系统的技术创新风险评价［J］．科技进步与对策，2011（08）：115－118．

［166］刘友金，易秋平．区域技术创新生态经济系统失调及其实现平衡的途径［J］．系统工程，2005（10）：97－101．

［167］刘宇．企业家导向、市场导向、产品创新与企业绩效的关系研究［D］．博士学位论文，吉林大学，2009．

［168］刘昱，左美云，陈禹．人力资源信息化成熟度模型的指标设计［J］．科技进步与对策，2008（04）：186－189．

［169］刘志成，吴能全．中国企业家行为过程研究——来自近代中国企业家的考察［J］．管理世界，2012（06）：109－123．

［170］刘志峰．区域创新生态系统的结构模式与功能机制研究［J］．科技管理研究，2010（21）：9－13．

［171］卢明纯．基于联盟合作的区域创新生态系统重构研究［J］．求索，2010（09）：72－74．

［172］吕淑丽．企业家社会资本对技术创新绩效的影响［D］．博士学位论文，东华大学，2008．

［173］吕玉辉．技术创新生态系统的要素模型与演化［J］．技术经济与管理研究，2011（09）：25－28．

［174］吕玉辉．企业技术创新生态系统探析［J］．科技管理研究，2011

(16): 15 – 17.

[175] 栾永玉. 高科技企业跨国创新生态系统：结构、形成、特征 [J]. 财经理论与实践, 2007 (05): 113 – 116.

[176] 罗恩·阿德纳. 广角镜战略 – 企业创新的生态与风险 [M]. 南京: 译林出版社, 2014.

[177] 罗宏, 孟伟. 生态工业园区：理论与实证 [M]. 北京: 化学工业出版社, 2004.

[178] 马传景. 企业家人力资本与企业制度创新 [D]. 博士学位论文, 武汉大学, 2004.

[179] 马丽波, 路文静. 民营企业家行为与政府政策研究 [J]. 财经问题研究, 2014 (01): 105 – 111.

[180] 马歇尔. 经济学原理 [M]. 北京: 商务印书馆, 1981.

[181] 麦肯齐等 A. 生态学 (第二版) [M]. 北京: 科学出版社, 2004: 1.

[182] 苗红, 黄鲁成. 区域技术创新生态系统健康评价初探 [J]. 科技管理研究, 2007 (11): 101 – 103.

[183] 奈特. 风险、不确定性与利润 [M]. 中国人民大学出版社, 2006.

[184] 欧雪银. 企业家能力对企业绩效的影响 [J]. 湖南师范大学社会科学学报, 2010 (06): 113 – 115.

[185] 祁明, 林晓丹. 基于 TRIZ 论区域创新生态系统的构建 [J]. 科技管理研究, 2009 (09): 444 – 446.

[186] 秦德智, 胡宏. 企业技术创新能力成熟度模型研究 [J]. 技术经济与管理研究, 2011 (07): 53 – 57.

[187] 曲向荣. 环境学概论 [M]. 北京: 北京大学出版社, 2009: 18.

[188] 盛连喜. 环境生态学导论 [M]. 北京: 高等教育出版社, 2009.

[189] 孙冰, 周大铭. 基于核心企业视角的企业技术创新生态系统构建 [J]. 商业经济与管理, 2011 (11): 36 – 43.

[190] 覃荔荔, 王道平, 周超. 综合生态位适宜度在区域创新系统可持续性评价中的应用 [J]. 系统工程理论与实践, 2011 (05): 927 – 935.

[191] 覃荔荔. 高科技企业创新生态系统可持续发展机理与评价研究 [D]. 博士学位论文, 湖南大学, 2012.

[192] 谭宏. 基于 P – CMM 模型的 H 公司人力资源管理研究 [D]. 硕士学位论文, 哈尔滨工业大学, 2014.

[193] 唐晓华. 管理创新与大企业竞争力 [M]. 北京: 经济管理出版社,

2012：193－196.

[194] 万江平，杨建梅，刘尚余. 系统工程能力成熟度模型的研究 [J]. 计算机应用研究，2001，18（7）：49－51.

[195] 王炳成，丁浩，段洪亮. 商业模式创新、员工企业家精神与人格特质关系的实证研究 [J]. 工业技术经济，2013（06）：106－116.

[196] 王开国，宗兆昌. 论人力资本性质与特征的理论渊源及其发展 [J]. 中国社会科学，1999（06）：33－46.

[197] 维迎. 企业理论与中国企业改革 [M]. 北京：北京大学出版社，1999.

[198] 魏杰，汪异明. 到底什么是企业家 [J]. 中国企业家，1997（08）：36－37.

[199] 吴继红，陈维政，吴玲. 基于 P－CMM 的人力资源管理系统评价方法 [J]. 四川大学学报（哲学社会科学版），2003（03）：45－50.

[200] 吴俊杰，戴勇. 企业家社会资本、知识整合能力与技术创新绩效关系研究 [J]. 科技进步与对策，2013（11）.

[201] 吴绍波，顾新. 战略性新兴产业创新生态系统协同创新的治理模式选择研究 [J]. 研究与发展管理，2014（01）：13－21.

[202] 伍刚. 企业家创新精神与企业成长 [D]. 博士学位论文，华中科技大学，2012.

[203] 项国鹏，李武杰，肖建忠. 转型经济中的企业家制度能力：中国企业家的实证研究及其启示 [J]. 管理世界，2009（11）：103－114.

[204] 肖建忠，唐艳艳. 企业家精神与经济增长关系的理论与经验研究综述 [J]. 外国经济与管理，2004（01）：2－7.

[205] 肖久灵，汪建康. 企业知识管理成熟度模型比较与借鉴 [J]. 图书情报工作，2012，56（16）：102－107.

[206] 谢德荪. 源创新：转型期的中国企业创新之道 [M]. 北京：五洲传播出版社，2012.

[207] 熊比特. 经济发展理论 [M]. 北京：商务印书馆.1990.

[208] 徐传谌. 论企业家行为激励与约束机制 [M]. 北京：经济科学出版社，1997.

[209] 徐占忱，卜琳华，何明升. 基于生态复杂性的区域集群创新系统优效性研究 [J]. 系统管理学报，2007（05）：558－562.

[210] 徐志辉. 区域发展理论与实践相结合的创新探索——论《长江地

区生态系统与可持续发展》的科学贡献 [J]. 生态经济, 2000 (08)：55 – 56.

[211] 杨崑. P – CMM IT 企业的人力资源战略指南 [J]. 商业研究, 2003 (18)：32 – 35.

[212] 杨明海. 人力资源能力成熟度模型 [M]. 北京市：经济管理出版社, 2006：260.

[213] 杨瑞龙, 周业安. 一个关于企业所有权安排的规范性分析框架及其理论含义——兼评张维迎、周其仁及崔之元的一些观点 [J]. 经济研究, 1997 (01)：12 – 22.

[214] 杨宇, 郑垂勇. 企业家精神对经济增长作用的实证研究 [J]. 生产力研究. 2008 (18)：11 – 13.

[215] 姚建华. 基于企业家创新的产业演化研究 [D]. 博士学位论文, 暨南大学, 2009.

[216] 姚建文, 王克岭, 张灿. 企业家创新行为与企业成长对策研究 [J]. 云南大学学报 (社会科学版), 2011 (05)：79 – 83.

[217] 尤霞光. 知识管理成熟度模型比较分析 [J]. 情报科学, 2011, 29 (3)：338 – 341.

[218] 于海云, 赵增耀, 李晓钟. 民营企业创新绩效影响因素研究——企业家信心的研究视角 [J]. 科研管理, 2013 (09)：97 – 104.

[219] 于喜展, 隋映辉. 基于城市创新的产业集群生态：系统关联对接与结构演化 [J]. 科技进步与对策, 2010 (21)：56 – 60.

[220] 余建清, 吕拉昌. 城市创新生态系统指标体系的构建及其比较研究——以广州和深圳为例 [J]. 规划师, 2011 (03)：99 – 103.

[221] 余向前, 张正堂, 张一力. 企业家隐性知识、交接班意愿与家族企业代际传承 [J]. 管理世界, 2013 (11)：77 – 88.

[222] 袁俊刚, 郝文宇, 杨雷. 系统工程能力成熟度模型 [J]. 航天器工程, 2009, 18 (1)：61 – 66.

[223] 袁勇志. 企业家创新行为与障碍研究 [D]. 博士学位论文, 南京农业大学, 2002.

[224] 曾驭然. 企业家社会关系对制造业企业创新和绩效的影响 [D]. 博士学位论文, 暨南大学, 2005.

[225] 张根明. 企业家创新行为及绩效研究 [D]. 博士学位论文, 中南大学, 2009.

[226] 张华, 张庆林. 企业家创新意识与企业创新潜力研究 [J]. 科技进

步与对策，2011（14）：87－92.

［227］张华. 企业家创新意识与企业创新潜力研究［D］. 博士学位论文，西南大学，2010.

［228］张磊. 企业家精神与中国经济增长［D］. 博士学位论文，安徽工业大学，2012.

［229］张利飞. 高科技产业创新生态系统耦合理论综评［J］. 研究与发展管理，2009（03）：70－75.

［230］张素平. 企业家提升企业创新能力的路径研究［J］. 管理工程学报，2009（S1）：45－48.

［231］张完定. 企业家选择，激励与监督［M］. 北京：中国统计出版社，2002.

［232］张小蒂，李晓钟. 转型时期中国民营企业家人力资本特殊性及成长特征分析［J］. 中国工业经济，2008（05）：129－138.

［233］张小蒂，姚瑶. 民营企业家潜能拓展与区域创新绩效增进研究［J］. 经济地理，2012（02）：106－110.

［234］张小蒂，曾可昕. 中国动态比较优势增进的可持续性研究——基于企业家资源拓展的视角［J］. 浙江大学学报（人文社会科学版），2014（04）：159－173.

［235］张运生，郑航. 高科技企业创新生态系统风险评价研究［J］. 科技管理研究，2009（07）：7－10.

［236］张运生，邹思明，张利飞. 基于定价的高科技企业创新生态系统治理模式研究［J］. 中国软科学，2011（12）：157－165.

［237］张运生，邹思明. 高科技企业创新生态系统治理机制研究［J］. 科学学研究，2010（05）：785－792.

［238］张运生. 高科技企业创新生态系统边界与结构解析［J］. 软科学，2008（11）：95－97.

［239］张运生. 高科技企业创新生态系统技术标准许可定价研究［J］. 中国软科学，2010（09）：140－147.

［240］赵建英，梁嘉骅. 影响企业创新力的内部生态因子分析［J］. 中国软科学，2006（11）：146－150.

［241］赵曙明，白晓明，赵宜萱. 转型经济背景下我国企业家胜任素质分析［J］. 南京大学学报（哲学·人文科学·社会科学），2015（02）：25－35.

［242］赵薇，杰弗瑞·德登. 企业家创新精神原动力研究［J］. 山东社会

科学, 2010 (07): 91 – 96.

[243] 赵文. 我国中小民营企业家创新能力的影响因素: 理论与实证分析 [J]. 技术经济, 2012 (05): 39 – 43.

[244] 赵文. 资源型城市企业家人力资本对区域创新影响的实证分析——以山西省为例 [J]. 工业技术经济, 2012 (05): 83 – 87.

[245] 赵文红, 王沛. 企业家资本对知识扩散和地区经济绩效的影响研究 [J]. 软科学, 2011 (03): 65 – 69.

[246] 周大铭. 企业技术创新生态系统运行研究 [D]. 博士学位论文, 哈尔滨工程大学, 2012.

[247] 周其仁. 市场里的企业: 一个人力资本与非人力资本的特别合约 [J]. 经济研究, 1996 (06): 71 – 80.

[248] 周阳敏, 李晓姣. 民营企业家的制度资本与企业绩效研究 [J]. 经济管理, 2013 (12): 32 – 41.

后　记

本书是在我的博士论文基础上修改而成的。我能够从事创新生态系统方面的研究并顺利完博士学业，是与导师郭燕青教授的悉心教导，与其他老师、家人和朋友的帮助和支持分不开的。

首先感谢我的博士生导师郭燕青教授。在博士学习期间，老师的教诲和鼓励成为鞭策我不断前行的动力，老师渊博的知识、严谨的治学态度、谦逊宽厚的人格魅力使我受益匪浅，也必将成为我人生道路上的重要精神财富。在论文写作过程中，从构思、选题、拟定大纲、论文修改到最后定稿，都得到了老师的悉心指导，凝结着老师的智慧与心血，倾注了老师的辛勤汗水。在此，我要向郭老师致以衷心的感谢！

感谢在我学术道路上给予我帮助的辽宁大学的老师们。特别感谢刘力钢老师、赵德志老师、周菲老师、李雪欣老师、刘艳春老师、聂荣老师、王伟光老师、李旭光老师等，他们精彩的授课与学术讨论丰富了我的知识，为我的科研道路打下坚实基础，他们在开题答辩和预答辩中提出的宝贵意见让我看到了自己思维和论文中的不足，在此特别表示感谢！

感谢给予我关心和帮助的同学们，他们是包文丽、李顼、田瑞岩、张志国、孙亮、李磊、李爽、巩凤、贾波等。感谢你们在学习上和生活上给予我的无私帮助，感谢你们在我论文陷入瓶颈时的安慰和鼓励。

最后，感谢一直默默支持我的家人。感谢我的父母，在我读博期间，是他们给予了我最无微不至的关怀和支持，也成为我强大的精神后盾。感谢我的爱人衣东丰和他的家人，感谢你们的理解和支持。感谢我的女儿，读博期间让我少了很多与女儿相处的时间，感谢你现在仍然愿意黏着妈妈，没有让时间冲淡母女之爱。

愿所有帮助、支持过我的人平安、快乐！

刘丹

二〇一七年十月